MEDITACIÓN

La terapia más natural

Este libro está dedicado para M, quien sin darse cuenta actuó como un potente catalizador de una forma muy inesperada. También está dedicado para todas esas miles de personas que han trabajado proporcionándole al mundo luz y amor. Que puedan seguir invocando luz en más personas.

MEDITACIÓN
La terapia más natural

Judy Jacka

Grupo Editorial Tomo, S. A. de C. V.
Nicolás San Juan 1043
03100 México, D. F.,

1a. edición, noviembre 2008.

© *Meditation. The Most Natural Therapy*
Judy Jacka
Publicado en 2005 por Geddes & Grosset Ltd.
David Dale House, New Lanark, Scotland, ML11 9DJ

© 2008, Grupo Editorial Tomo, S.A. de C.V.
Nicolás San Juan 1043, Col. Del Valle. 03100, México, D.F.
Tels. 5575-6615 • 5575-8701 y 5575-0186
Fax. 5575-6695
http://www.grupotomo.com.mx
ISBN-13: 978-607-415-071-1
Miembro de la Cámara Nacional
de la Industria Editorial No. 2961

Traducción: Cecile Bayardo
Diseño de portada: Karla Silva
Formación tipográfica: Rafael Rutiaga
Supervisor de producción: Leonardo Figueroa

Impreso en México - *Printed in Mexico*

PRÓLOGO

La meditación es el medio. Judy Jacka ha dejado impreso en este libro más de veinticinco años de experiencia en la práctica de la meditación, la cual ha penetrado e influenciado su vida y su compromiso con lo que es la sanación. Esta práctica va desde un enfoque del individuo como tal hasta su relación con el planeta.

A la edad de dieciséis años Judy y yo obtuvimos nuestro primer trabajo, en el laboratorio de un hospital, trabajo que tendría gran influencia en nuestras vidas. Para mí, trabajar con los pacientes terminales, quienes antes de morir expresaban tranquilidad, alegría y valentía, fue una gran experiencia que me mostró la gran diferencia que había entre ellos y el resto de nosotros. Si tan sólo pudiéramos alcanzar ese estado mucho antes de tener que morir, para así poder vivir la vida más plenamente. Sí se puede, la meditación se vuelve el medio por el cual podemos alcanzarlo. Judy y yo nacimos con un mes de diferencia y nuestras vidas están llenas de similitudes y paralelismos. Cada una, gracias a la experiencia de trabajar con personas que están sufriendo, hemos buscado un enfoque íntegro de cambio recorriendo diferentes caminos.

La vida de Judy ha tocado a muchas personas. Las cuales han podido apreciar su enfoque holístico en el campo profesional enfocado hacia la salud y han podido disfrutar de sus enseñanzas. Muchas personas han podido trabajar con ella en sanaciones planetarias.

El trabajo que desempeño, el más reciente con Ayuda Comunitaria en el Exterior (Community Aid Abroad), ha sido con personas en África que sufren de pobreza, injusticia, hambruna y guerra. La práctica cotidiana de la meditación me ha ayudado a seguir adelante con mi trabajo sin sentirme abrumada y me ha dado la fuerza para trabajar durante varias horas en condiciones deplorables. En este trabajo y en cualquier otra faceta de mi vida, el meditar me permite crecer y mejorar como persona. Le estoy muy agradecida por todo lo que me ha dado, como el entendimiento de quién soy en realidad y hacia dónde me dirijo, al igual que poder experimentar las interconexiones del universo.

La meditación me ha hecho darme cuenta de que tengo muchos retos que cumplir en mi vida, que tengo que estar consciente y utilizar toda mi compasión sin importar la situación que se me presente, que tengo que ser fiel a mis ideas y mi propio ser y que tengo que ser responsable de todas mis acciones.

Mi agradecimiento se extiende hasta todos aquellos maestros que me han enseñado el camino, desde las palabras de Ramakrishna de Calcuta, Sri Aurobindo y la Madre de Pondicherry, los maestros budistas de la filosofía zen, Swami Muktananda y Swami Chinmayononda; al igual que las flores, el viento y el *surf*, hasta el sufrimiento de la gente en África. Todos han expandido mis conocimientos y la conciencia sobre ellos, lo cual me ha permitido liberar energía, alegría y compasión.

Ha Judy le atrajo el trabajo con la gente y tomó la decisión de estudiar enfermería. Más o menos cuando nacieron sus hijos, el interés de Judy por la meditación, la filosofía en general y las enseñanzas esotéricas la llevaron no sólo a leer mucho más sino a ampliar el almacén de libros de la Sociedad Teosófica. También en esa época comenzó a estudiar astrología e hizo las cartas astrales de mis dos hijas al igual que las cartas de los hijos de muchas de sus amigas. Se mantuvo en contacto con todas ellas para ayudarlas a superar cualquier vicisitud en el camino, al igual que lo hizo con mis hijas, a las que ayudó a tener una mayor conciencia de ellas mismas y de las fuerzas y conexiones planetarias, y de las áreas débiles en las que debían de trabajar.

Muy significativo fue el año 1971, pues Judy viajó a Australia para realizar sus prácticas como terapeuta natural, más tarde se convirtió en la directora de la Escuela de Terapias Naturales del Sur. Desde entonces ha tenido un gran impacto en la salud y el bienestar no sólo de sus pacientes, sino que también ha ayudado a cambiar actitudes e influir en las políticas del gobierno en cuanto a las terapias naturales. Para poder lograr lo antes mencionado, Judy ha trabajado en diferentes áreas. Ha hecho llegar su trabajo al público en general por medio de conferencias, hace pocos años, la clase que Judy impartió en el Consejo de Educación para Adultos sobre la Sanación Natural fue la más grande y la más popular de todas las clases del CEA. Judy ha escrito cuatro libros, los cuales han abarcado, entre otros temas, cómo se trabajan las terapias naturales y por qué funcionan.

A raíz de que en 1970 comenzó la concientización de las personas por mejorar su salud y su vida en general y conservar el medio ambiente, Judy ha sido invitada a muchos programas de radio y de televisión. En cuanto al trabajo que ha realizado en el ámbito político, Judy escribió varias propuestas y respondió al Proyecto de Ley sobre Cosméticos y Productos Terapéuticos de 1984, el cual fue retirado, y al Proyecto de Ley de los Productos Dietéticos de 1980 que podía haber inhibido la oportunidad de dar asesoramiento naturopático.[1]

---

[1] Medicina naturopática: abarca la homeopatía, la nutrición clínica, la medicina tradicional china, la medicina botánica y las medicinas y terapias físicas.

En 1981, como respuesta al Anteproyecto Estándar de Vitaminas y Minerales del comité del Consejo Nacional de la Investigación para la Salud y la Medicina, Judy se involucró en una campaña en la que el Parlamento Federal recibió más cartas que por cualquier otro asunto desde la federación. Mientras que se ha dedicado a promover la aceptación de las terapias y la medicina alternativa, también se ha encargado de fijar unos estándares muy altos en la Escuela de Naturopatía del Sur, ha incluido materias de ciencia como requerimiento para obtener la admisión en la escuela.

Cuando Judy escribió acerca de la meditación como la primera terapia natural que se ha explorado, y nos explicó cómo ha sido para ella el proceso más importante de su vida, nos ha permitido adquirir una guía práctica muy rica y extensa de cómo meditar. Aún más, nos ha regalado el marco y el conocimiento para que podamos explorar por nosotros mismos el significado de la vida y nuestro lugar en el universo. Hay muchas formas en las que podemos trabajar en nuestro ser y nuestra conciencia, como el superar las deficiencias físicas básicas, como sería una deficiencia de minerales, integrando nuestras emociones negativas, y dándonos cuenta de los efectos de nuestros niveles de energía para en última instancia servir al planeta. Las metas que Judy remarca no están preescritas sino que vienen de su propia práctica y experiencia, del ver y conocer la posibilidad de vivir en armonía y hacernos responsables de las interconexiones de todo lo que habita en este planeta.

Jill Jameson M.Sc.

INTRODUCCIÓN

Este libro habla acerca de la meditación como una terapia natural. La meditación es natural porque promueve la sanación desde el interior de la persona. Por medio de la meditación podemos alinear nuestro ser con la esencia interna o alma que provee energías que se transforman para poder restaurar la salud, el equilibrio y el bienestar. Todas las demás terapias, ya sean ortodoxas o alternativas, son externas a lo que es la liberación de las energías de vida que se encuentran dentro de nosotros.

El enfoque psicológico, tal como lo es la terapia, puede poner las bases para que se dé la liberación que esperamos en la vida, los remedios naturales pueden restaurar el equilibrio físico y los medicamentos pueden prolongar la vida de manera temporal. Sin embargo, es la intención básica de la vida que se encuentra dentro del ser lo que decide si él o ella se dirige hacia la salud y plenitud o hacia la enfermedad y la desintegración. La meditación es el poder estar en completa quietud y concentración para así poder permitirle a la vida emerger y promover una intención creativa en la vida.

Este libro no habla únicamente sobre técnicas de meditación y la práctica de las mismas. Habla sobre el enfoque que se le debe dar a la vida, el enfoque meditativo de la vida, lo cual significa explorar todo tipo de conexiones y relaciones en ella. Esto incluye el entendimiento de los diferentes niveles de conciencia, la alineación que puede ocurrir entre varias partes de nuestra mente o conciencia y cómo las energías contactadas pueden afectar muchos aspectos de nuestras vidas. La aventura meditativa incluye la exploración del significado de relajación, concentración, creatividad y el uso de nuestra energía para vivir una vida con un mayor significado.

La meditación fue la primera terapia natural que exploré y lo hice desde el principio de la década de los sesenta y ha sido el proceso más importante de mi vida. Tuve que esperar hasta que había escrito varios libros sobre terapias naturales debido a que lo tangible es lo que más atrae al público. Los beneficios de estas terapias naturales para la persona promedio son la obtención de mayor energía, inmunidad a enfermedades agudas y crónicas y el sentimiento general de bienestar.

El primer paso del desarrollo de las terapias naturales encaja en la jerarquía de necesidades, estudiada por el psicólogo Maslow, en la cual el individuo necesita un bienestar físico, la seguridad que proporciona un trabajo y el reconocimiento antes de que él o ella pueda comenzar a explorar los estados más sutiles de la conciencia, incluyendo el significado de la vida, la muerte y el lugar que ocupamos en el universo.

Cuando comencé a meditar en 1962 después del nacimiento de mi primer hijo, había muy poca información acerca de la meditación, incluso de clases de meditación. A pesar de que había desarrollado un gran interés en la psicología esotérica y la meditación, en esa época no estaba buscando entrenarme o trabajar en esa área. El área principal de las terapias naturales me ofrecía un punto de partida lógico para mi trabajo profesional (eventual) en meditación. No tiene ningún caso enfocarse en las áreas sutiles de la conciencia si hay un hueco en la salud física básica de un paciente o de uno mismo.

La forma meditativa de la vida se ha vuelto el punto central de todas las actividades y búsquedas a lo largo de mi carrera profesional, la cual abarca casi veinte años como asesora de terapias naturales, conferencista, maestra y escritora. El trabajo en el área de la meditación comenzó diez años antes de que me involucrara profesionalmente en las terapias naturales. Mi trabajo en la Escuela Arcana comenzó en la misma época, la cual fue a principios de la década de los setenta.

La Escuela Arcana es una fundación internacional educativa que provee enseñanzas en meditación y entrenamiento en el conocimiento transhimalaya, el cual fue traído a Occidente por Helena Petrovna Blavatsky. Alice Bailey, fundadora de la escuela, continuó con la tradición. Estas dos extraordinarias mujeres nos han proporcionado la fuente más extraordinaria de información acerca de la meditación, la vida espiritual, el esoterismo (o la construcción interna de la humanidad) y muchos otros temas relacionados.

Este libro recapitula veinticinco años de meditación y muchos años de enseñanza de la misma, al igual que temas esotéricos. La enseñanza incluye catorce años de trabajo en la Escuela Arcana como maestra de meditación y otros temas relacionados dando clases tanto a estudiantes principiantes como a avanzados alrededor del mundo, y siete años de enseñanza de meditación y de otras áreas relacionadas con el público en general en Melbourne, Australia. Para algunas personas puede ser mucho más fácil comenzar el aprendizaje de la meditación con un maestro o con un grupo. Sin embargo, este libro puede ser utilizado como un método de inicio en la meditación.

Todas las aseveraciones plasmadas en este libro acerca de nuestra constitución interna o sutil, las cuales incluyen los siete niveles de conciencia, los chakras, la reencarnación, los Devas y todos los temas relacionados, tienen su fundamento en las enseñanzas transhimalayas, preservadas en el Tíbet durante siglos. No pretendo defender o refutar dichas enseñanzas, sólo pretendo utilizarlas como referencia, como una fuente tibetana que se obtuvo por medio de la literatura de Blavatsky y de Bailey. Si el lector está de acuerdo con las ideas presentadas en este libro, el pensamiento y la meditación le ayudarán a clarificar las ideas aquí presentadas. Se recomiendan otras lecturas.

Al final del texto se puede encontrar un glosario que ayudará con los términos que se encuentran en este libro, pues la definición utilizada es la que se ocupa en el contexto del libro. Las definiciones no siempre van a concordar con las que se dan en los diccionarios comunes. Uno de los retos de este libro es presentar los conceptos de tal forma que sean evidentes para el lector de mente abierta. Para lograr este fin he ilustrado el libro con un sinfín de ejemplos de nuestra vida cotidiana. Es imposible evitar que algunas veces este enfoque parezca como que se habla de generalizaciones y de simplificaciones.

El enfoque transhimalaya de la meditación y los temas relacionados con la misma está lleno de gurús que tienen sus propios estilos y de talleres del New Age (Nueva Era) extremadamente caros. La meditación es mucho más que un simple proceso de relajación para resolver problemas, y para proporcionar un estado de bienestar, aunque al ser la terapia más natural produce todas las anteriores. La meditación es el mejor agente para producir creatividad en nuestro planeta. Lo anterior sugiere que nuestro planeta puede ser virtualmente recreado por personas que utilicen la meditación en su forma más significativa. Como una actividad de grupo es probablemente el proceso más importante por medio del cual podemos llegar al siglo XXI de forma saludable y en paz.

Al revisar la literatura actual sobre meditación, pude notar que la mayoría está dedicada a ayudar al individuo a alcanzar una vida relajada, saludable y creativa. La mayoría de los talleres de meditación consideran que lo más importante es la autosatisfacción en un sentido espiritual y únicamente uno o dos libros hablan acerca de las posibilidades de servir a un nivel planetario mucho más amplio por medio de la meditación. Este libro incluye todos los aspectos personales de la meditación que encajan en el perfil de ser una terapia natural enfocada al individuo, pero también intenta abrir la dimensión de la meditación hacia el servicio de los demás y del planeta, ya sea como individuos o como grupo.

He utilizado un enfoque occidental de la vida, aunque la mayoría de las ideas y los conceptos provienen del oriente. Muchos de los libros escritos acerca de la meditación son de autores que han estudiado en la India, o que han tenido maestros provenientes de oriente. El Occidente contribuye al área de las prácticas espirituales y es particularmente adecuado en el uso de la mente de forma creativa.

A lo largo del libro encontrarás diferentes técnicas y formas de meditación. El libro es como un manual para los principiantes al igual que una guía para todos aquellos que tengan un poco más de experiencia y que estén buscando una mayor interpretación del tema. El texto abarca el efecto de la meditación en la familia, en el trabajo, la salud, la riqueza y nuestro planeta. Hay un capítulo que nos permite explorar la meditación y al sanador, en esta sección se pueden encontrar muchos casos. En el capítulo denominado "Alineaciones planetarias y la meditación" se habla del efecto en la meditación a partir de varios ritmos planetarios tales como el día y la noche, la luna llena y las estaciones del año.

Hay un gran espacio en blanco en la literatura occidental en cuanto a los mecanismos de meditación. ¿Qué parte de nuestro cuerpo físico está involucrado en el proceso de la meditación además de nuestro cerebro? ¿Qué nos pasa cuando meditamos? Cuando estudiamos el aparato digestivo describimos los diferentes órganos que lo integran, los procesos que se realizan y en qué forma contribuye cada uno de ellos. También estudiamos cómo se ven afectados estos órganos cuando nos ataca alguna enfermedad. De forma similar necesitamos entender el proceso de la meditación para poder saber qué es lo que estamos haciendo con nuestro ser.

Muchas personas son felices comiendo sin saber nada acerca de su cuerpo; lo mismo es posible con la meditación. Si la vida fuera armoniosa y simple, esto no representaría un problema. Pero vivimos en épocas difíciles y demandantes. Para adaptarnos a estas condiciones y estos retos necesitamos saber qué es lo que estamos haciendo con nuestro cuerpo físico y nuestro cuerpo sutil o interno; después de saberlo podremos tomar decisiones sabias y acertadas. El cuerpo sutil o construcción interna se explora en detalle en los capítulos 8 y 9.

He incluido información acerca del mecanismo interno de la conciencia en mis otros libros, ya que se pretende obtener un entendimiento acerca de las causas de las enfermedades y el uso de las terapias naturales populares. En este libro esas ideas se abarcan en relación al proceso de meditación y los cambios que produce en nuestras vidas.

Otra área que por lo general no se incluye en los libros de meditación es el papel del reino angelical o Devas en la meditación. Este reino es una corriente evolutiva que corre paralelamente al reino humano y es conocida en las enseñanzas esotéricas. Para muchos lectores esta área puede ser muy controversial, pero pueden tomarla como una hipótesis hasta que la práctica de la meditación les proporcione una visualización más amplia del tema.

Definir la meditación es como intentar describir el concepto de amor, ya que hay muchas definiciones y prácticas diferentes. Los pasos comunes de un enfoque meditativo en algunos tratados son la concentración, la meditación y la contemplación. La concentración es descrita como el enfocar la mente en un objeto y explorarlo desde todos los ángulos. La meditación es percibida como un estado en el cual mezclamos nuestra conciencia con el objeto, siguiendo un periodo de concentración. Y la contemplación es el estado en el que se sobrepasa la identificación y se mueve hacia el espacio reflexivo sin el objeto o un tema en particular. Estos estados también tienen diferentes significados en las diferentes tradiciones.

En este libro me he alejado de esos puntos de referencia; mi definición principal de meditación es un estado del ser en el que contactamos a nuestra esencia interna para los propósitos de sanación, ya sea para nosotros mismos o para los demás, para entender el significado de la vida y para ayudar en el proceso de sanación del planeta. El proceso de meditación es visto como un proceso de cambio creativo.

Para llevar a cabo el proceso de la meditación de forma exitosa necesitamos aprender a relajarnos, para entender el significado de energía, para poder concentrarnos y utilizar la meditación en un sentido creativo en nuestra vida. Así pues en la secuencia de los primeros capítulos del libro exploramos el cómo utilizar la meditación en la familia y en el lugar de trabajo. Después de eso necesitamos entender el mecanismo que está involucrado en la meditación, por lo que he incluido capítulos acerca de los siete niveles de la conciencia, el cuerpo etéreo y los chakras. Los efectos de la meditación en nuestro mecanismo, es decir, en nuestros sentimientos, cuerpo y mente se discuten en esos capítulos. Lo anterior es seguido por una discusión de la relación que hay entre la meditación y la sanación para nosotros mismos y los demás.

El libro también abarca aspectos más amplios de la meditación y habla sobre el papel que realiza como una corriente evolutiva paralela en relación con la humanidad, el reino de los Devas. Esta dirección planetaria nos lleva a considerar los ciclos planetarios, los flujos de energía y el objeto de la sanación planetaria.

Como con todas las terapias naturales, uno siempre sigue aprendiendo acerca de la meditación. El verdadero efecto de nuestra meditación es revelado en los frutos de nuestra vida creativa, como uno de los grandes maestros de la vida espiritual dijo hace dos mil años: "Por lo tanto reconocerán al árbol por sus frutos". Mateo 7:19. (Corroborado con tres biblias diferentes.)

Capítulo 1

RELAJACIÓN - EL COMIENZO DE LA MEDITACIÓN

A lo largo de este libro vamos a ver cómo la meditación aumenta y mejora el ritmo o pulso de la vida. El proceso y la práctica de este arte será explorado para permitirnos expresar cada aspecto de nuestro ser de manera mucho más amplia, en contraste con la meditación como una abstracción o un retiro de las actividades cotidianas. Meditamos para obtener más energía, para equilibrar nuestras energías y poder relajarnos, para aumentar nuestra concentración en el proceso de la vida dentro y alrededor de nosotros y finalmente permitirnos vivir de forma más creativa. En estos primeros capítulos exploraremos la relajación, la energía, la concentración y la creatividad.

La relajación y el estado de alerta

Observa a una mascota doméstica, por ejemplo, nuestro gato. ¿Qué otra criatura más relajada y a la vez en estado de alerta podemos encontrar? Vemos al gato, con sus patas estiradas, recostado sobre el sillón de la sala. Vemos cómo cada músculo de su cuerpo se encuentra en un estado total de reposo, pero también está en un estado de alerta, de vigilia, que está pendiente de cada sonido y movimiento que ocurren a su alrededor. Necesitamos recuperar esa relajación, y sin embargo estar vigilantes, lo cual hemos perdido debido a la época tan cerebral en la que vivimos.

RELAJÁNDOSE COMO UN GATO
El secreto es estar alerta y a la vez relajado.
Este estado es el preludio para la meditación.

¿Cómo es que hemos perdido la facultad de relajación que puede acompañar a una vida creativa y llena de alegría? ¿Cómo podemos restaurar la concentración junto con la relajación física? Los psicólogos nos han dicho que el estrés le inyecta grandes cantidades de adrenalina en nuestro cuerpo. Nos preparamos para la pelea o el síndrome de vuelo sin la actividad física, la cual acompaña este proceso en el reino animal. La adrenalina se acumula y, junto con los químicos provocados por el estrés, causa un número de tensiones físicas como sería la presión arterial elevada. Con cualquier tipo de estimulación nerviosa o excitación, el potasio se utiliza para "disparar" los nervios. A menos de que sean remplazados en la dieta de manera adecuada, nuestro cuerpo eventualmente estará sujeto a sufrir de agotamiento crónico.

Nuestro estilo de vida y la contaminación causan deficiencias en los minerales que necesitamos para la relajación y la energía nerviosa. Desde un punto de vista naturopático estos minerales son el calcio, el magnesio y el potasio. Sin embargo, deben proporcionarse en dosis adecuadas para que sean asimiladas correctamente por la persona en cuestión. Por lo que no es suficiente aprender a relajarse si no tenemos los minerales necesarios. Los minerales son los ladrillos básicos para las células y para la relajación, por eso tenemos que examinar tanto las causas físicas como las causas internas o sutiles para saber cuál es el motivo de la deficiencia. Por ejemplo, es posible que logremos entrar en un estado de relajación y llevar a cabo un ejercicio, pero cada vez que un sonido fuerte ocurre, experimentamos una sensación de contracción de los nervios que puede deberse a una deficiencia crónica de magnesio.

Algunas personas consideran que la clave para tener una vida más relajada es regresar a un estilo de vida primitivo, con menos tecnología y menos ruido. Los agentes de viajes aprovechan esto para aumentar el encanto de los países subdesarrollados. Por tal motivo un sinfín de occidentales han decidido peregrinar, desde hace ya varios años, a países como India, África, las islas del Pacífico y Sudamérica. Hay personas que están viajando constantemente a esos lugares; otros se adentran en lugares extremadamente tranquilos y silenciosos para poder recargar su energía debido a la vida tan agitada que llevan. En este contexto veamos las diferencias entre el estilo de vida que se lleva en Occidente y el que se lleva en Oriente.

Los turistas regresan de los lugares en donde se lleva un estilo de vida simple, como la India, y le cuentan a todo el mundo que todos los habitantes de ese lugar están felices y complacidos de llevar un estilo de vida simple. Los viajeros reportan que hay una falta de prisa y ajetreo que por lo general se experimenta en las civilizaciones occidentales. ¿Parece que la ignorancia le proporciona dicha, pero será verdad? ¿Qué hay de las altas tazas de mortandad infantil, las ciudades abarrotadas, la escasez de comida en grandes áreas, la inhabilidad de enfrentar desastres naturales tales como inundaciones y terremotos debido a la falta de tecnología, comida y abastecimiento médico?

En los países de Occidente el exceso de tensión es lo que afecta a los habitantes, pero en contraposición en los países orientales hay una excesiva relajación, con excepción de Japón. En años recientes, a estado ocurriendo una síntesis, por lo que la tecnología se ha infiltrado en el Oriente y en el Occidente la forma de vida más relajada ha comenzado a tomar auge.

El regalo de la tecnología, cuando se utiliza correctamente, debe de liberarnos de todos aquellos trabajos pesados que se tenían que realizar antes. Antes las personas tenían que cosechar y recolectar sus alimentos, tenían que cocinarlos, tenían que confeccionar y lavar la ropa y mantener el hogar con muchos cuidados. Hasta hace poco, sólo una pequeña parte de la población, correspondiente a las clases altas, tenía sirvientes que hacían todo el trabajo doméstico, lo que permitía tener tiempo para realizar actividades artísticas y culturales. Cuando las ideas comenzaron a expandirse por el mundo, gracias a la tecnología, las masas pudieron recibir educación, lo cual antes los dejaba como seres incultos sujetos a los caprichos de sus patrones.

La tecnología y la ciencia han permitido que millones de personas tengan acceso a trabajos en los que su sueldo les alcanza para vivir y poder ahorrar, han tenido la oportunidad de transportarse fácilmente al igual que de comunicarse. Esto les ha proporcionado libertad para viajar, para obtener una educación, y para muchos el poder disfrutar de la vida. En el presente estamos lidiando con la contaminación, por ejemplo, el ruido que es el resultado del surgimiento de la Revolución Industrial. Pero esta contaminación es temporal, no hay motivos por los que tengamos que regresar al pasado, en donde nuestro tiempo sería consumido por actividades necesarias para obtener las necesidades básicas. Las soluciones creativas están siendo exploradas para resolver los problemas provocados por el efecto invernadero, la destrucción de la capa de ozono y la contaminación por medio de productos químicos.

Está en la naturaleza humana el ir de un extremo al otro. Hemos ido de la total quietud de los siglos anteriores, donde todo evolucionaba lentamente, hasta la actividad frenética, el ruido y la tensión del siglo XXI. Podemos crear un punto medio en el que nos podamos relajar de manera intencional y tengamos en cuenta la estimulación mental, y que ayuden al crecimiento y a la creatividad que nos ha proporcionado la tecnología.

Sólo piensa en algunos ejemplos muy simples. Nos podemos relajar en nuestro hogar durante el invierno, pues tan sólo con apretar un botón estaremos a una temperatura adecuada, en cambio antes teníamos que realizar tareas extenuantes como recolectar y cortar madera para poder lograrlo. Gracias a la luz eléctrica podemos estudiar o leer hasta altas horas de la noche si lo deseamos, gracias al Internet y a las computadoras podemos expresar y hacer circular ideas que recopilamos durante ese tiempo en el que estudiamos o leímos.

Nuestra relajación puede y debe ser planeada como algo esencial en nuestras vidas y tiene que incluir tanto los aspectos físicos como los mentales si es que queremos que la naturaleza se "alimente". Hay un viejo dicho que reza: "Puro trabajo y nada de juego hacen de Juan un muchacho aburrido", lo cual es verdad y nos lleva a una nueva actividad cultural en la que la recreación es algo que se planifica. Este capítulo sugiere que se realice una relajación diaria para poder reconocer la tensión antes de que surja un problema de salud. La relajación diaria es mucho más que jugar *squash* una vez a la semana y tomar vacaciones una o dos veces al año. Es el preludio hacia un modo de vida meditativo.

Podemos aprender a relajarnos en medio de una ciudad tan agitada, realizando unos simples ejercicios de relajación como es el caminar o el nadar por lo menos cinco veces por semana. También podemos añadir un ejercicio de relajación preliminar a la meditación, que con el tiempo puede que ya no sea necesario por el cambio que se va dar en el estilo de vida en general. Quizá necesitemos realizar un ejercicio de relajación mental utilizando la música, la lectura o el pensamiento reflejo. Esta actividad hace que los músculos del cerebro estén ejercitados y flexibles. Más tarde, cuando estudiemos el mecanismo de nuestra constitución psíquica, esta parte abstracta o contemplativa de nuestra mente será comprendida y la veremos como algo que hay que desarrollar para poder expresar nuestro ser interno creativo.

Ejercicio de relajación

El siguiente es un ejercicio de relajación que puede ser utilizado como meditación preliminar o como la meditación en sí. Selecciona un lugar tranquilo, puedes poner música si lo deseas, recuéstate boca arriba en una superficie cómoda y plana, puedes utilizar una pequeña almohada debajo de tu cabeza. Si este ejercicio lo estás realizando como una meditación preliminar, es mejor que te sientes en una silla con la espalda derecha. Tanto la relajación como la meditación se tienen que realizar con los ojos cerrados.

Visualízate recostado en una alberca con agua tibia y cristalina, la cual se encuentra en medio de un bosque. Hay peces de colores brillantes que pasan a nuestro alrededor y plantas acuáticas que se encuentran en la superficie del agua. Podemos sentir la luz del sol penetrando el agua tibia y fluyendo alrededor y a través de nuestro cuerpo. Toma conciencia de lo que está ocurriendo, siente cómo el sol penetra los dedos de tus pies, cada nervio, cada músculo y siente cómo se van relajando en el agua tibia. Ve recorriendo tu cuerpo, y pasa de los dedos del pie, al pie en sí, luego a tu pantorrilla, a tu rodilla, tu muslo, tu pelvis, tu aparato digestivo, tu corazón, tu pecho, tus hombros, tus brazos, tus manos, tu cuello, tu quijada, tu lengua y tus ojos. En cada paso visualiza el área cómo se está relajando dentro del agua tibia. Este proceso debe tomar entre cinco y diez minutos, dependiendo del grado de tensión física.

Por unos minutos toma conciencia del ritmo de tu respiración. Experimenta cómo tu respiración se hace más tranquila y lenta, con más energía fluyendo en cada respiro. Ahora cambia el foco de tu atención de tu cuerpo físico hacia tus sentimientos. Lleva contigo tu conciencia hacia tus sentimientos o la naturaleza astral por medio de los contornos generales del cuerpo físico. Ten conciencia de los "parches" de conflicto o de emociones negativas tales como resentimiento, envidia, avaricia, ira, odio o depresión. A menudo estas emociones se centran en áreas específicas como el estómago, los hombros, el cuello u otras partes del cuerpo. Siguiendo el contorno del cuerpo podemos observar cualquier bloqueo emocional, nos podemos dar cuenta mucho más fácilmente de cualquier tensión emocional.

No explores o te adentres en esas emociones, pero visualiza esos parches y ve cómo fluyen hacia la parte baja de tu cuerpo y salen por tus pies, llegan al agua en donde los rayos del sol los convierten en energía de luz. Experimenta el sentimiento o la naturaleza emocional, siente cómo todo se vuelve más sereno, estable y translúcido. Para obtener este estado de placidez es probable que necesitemos más de una sesión, así que si te quedas atorado en cualquier punto, muévete y continúa con el siguiente. Con cada sesión las áreas difíciles de trabajar se irán haciendo más manejables.

Ahora enfócate en la mente, y visualízala como un diamante o un cristal, el cual puede concentrar energía curativa desde el ser interior por medio de las emociones y el cuerpo. Imagina colores bellos, los del arco iris, fluyendo a través del diamante y creando un aura de luz alrededor del cuerpo. Por unos momentos flota en esta luz y permanece quieto, física, emocional y mentalmente, mientras visualizas la luz curativa entrando en tu cuerpo. Ahora se puede permitir a la mente que permanezca tranquila; si comienza a divagar, sólo regrésala amablemente al concepto de permanecer en paz y concentrada.

Cuando el cuerpo esté relajado, la mente tranquila y los sentimientos serenos, permanece en ese estado por algunos minutos para obtener el máximo beneficio. El tiempo puede variar dependiendo de la necesidad. Cuando te sientas más relajado y lleno de energía, comienza a despertar respirando profundamente y visualiza los colores transmitidos en el cuerpo físico. Imagina cómo vas saliendo de la alberca y cómo te sientas en la banca rodeada de flores. Estírate y siente la tierra firme debajo de tu cuerpo. Enderézate y comienza la siguiente actividad del día o de la tarde sintiéndote mucho más relajado y recargado. No esperes sentirte completamente relajado y recargado de energía después de las primeras sesiones.

Este ejercicio puede variar y durar de quince a treinta minutos, pero a menos de que después del ejercicio tengas planeado dormir, éste no debe durar más de media hora. La tensión nos roba la energía mientras que la relajación restaura los flujos de energía y los ritmos de la vida. Es por eso que debemos de comenzar cada ejercicio de meditación relajados, ya que es una parte intrínseca del proceso de meditación. El uso de energía será nuestro próximo tema a explorar.

Capítulo 2

ENERGÍA - CÓMO
CONOCERLA Y UTILIZARLA

Desde los comienzos del siglo XX, los descubrimientos de la física moderna han revelado que el universo está compuesto de un mar de energía y que toda la materia está compuesta por campos de energía que interactúan. El nivel de los sentidos físicos, interpretamos estos campos de energía como formas físicas compuestas de átomos de diferentes elementos. El estudio de la física también ha revelado que nada está estático y que las relaciones subatómicas que existen dentro del átomo están cambiando constantemente. Los físicos han descubierto muchas partículas subatómicas que contribuyen al baile que es la vida.

La entidad más pequeña, el electrón, es apreciado como una partícula y una onda de energía a la vez, indicando la verdad elemental de la famosa ecuación de Albert Einstein, en la que la energía es intercambiable con la materia: $E=mc^2$. Para poder obtener una vista general sobre la historia de la física yo recomiendo la lectura *The dancing Wu Li Masters* (*La danza de los maestros* de Wu Li) de Gary Zucav (1980) y *Looking Glass Universe* (*Espejo y reflejo: del caos al orden*) de Brigg y Peates (1985).

Estos hechos contrastan con el pensamiento común que existía antes del último siglo, en el que se afirmaba que el universo era una gran máquina compuesta de entidades materiales y partículas cuyo movimiento era predecible por las leyes del movimiento uniforme. Ésta era la teoría propuesta por el científico inglés Isaac Newton y sus colegas en el siglo XVIII. Después apareció una filosofía reduccionista que sugería que podríamos entender el universo examinando cada parte de la máquina con mucho mayor detalle. Esto dio como resultado que se analizaran las partes sin tomar en cuenta el todo. De este grave error han resultado unas de las más grandes catástrofes del medio ambiente y de la medicina, debido a que los científicos y los industriales no han considerado correctamente los efectos de sus acciones en el ecosistema como un todo o un organismo.

¿Cómo es que estos pensamientos están relacionados con un libro de meditación? Aunque teóricamente estamos reconociendo la presencia de energías como base de la estructura física de nuestro mundo, la enfermedad y la tensión en nuestras vidas indican que estamos muy lejos de manifestar un equilibrio energético en nuestra vida personal. Los procesos de meditación nos presentan la verdadera experiencia del flujo de energía y del reequilibrio de energías, el cual puede recargar o llenar de energía nuestro cuerpo y nuestra mente.

Este universo físico incluye los procesos en nuestro cuerpo, involucra muchos ritmos cíclicos; la pulsación es un hecho de la vida y resulta del flujo de energía en ondas. Algunos ejemplos de esto que experimentamos en nuestro cuerpo son el ritmo de la respiración, el ritmo cardiaco, la peristalsis del tracto digestivo y los orgasmos sexuales. Para muchas personas que sufren de enfermedades, el flujo básico de energía está alterado. El asma, la diarrea, la constipación, las palpitaciones, la presión arterial elevada y el insomnio son algunos ejemplos de los desórdenes que pueden seguir a una interrupción de la expansión, contracción y ritmo normal de las energías mientras éstas intentan fluir a lo largo del cuerpo.

Por supuesto que hay otros factores involucrados en estos desórdenes tales como una infección, una dieta mal balanceada y predisposiciones genéticas. Sin embargo, el facto energético es un factor muy importante para estos desórdenes, ya que es la base de toda acción en el cuerpo.

Más adelante en este libro se hablará sobre los transformadores de energía sutil en los campos de energía del cuerpo, denominados chakras, relacionados con el flujo de las energías emocionales y mentales. Juntas estas energías contribuyen a nuestra personalidad. Sin embargo, es mejor comenzar a hablar respecto a las energías con las que estamos más familiarizados y que son más evidentes. Un enfoque meditativo de la vida nos presenta gradualmente energías más subjetivas o sutiles conforme vamos trazando el flujo de energía hacia su fuente u origen.

El significado de esotérico u oculto es la exploración de las energías que hasta ahora han sido subjetivas o se han escondido. Una vez que hemos explorado y entendido estas energías dejan de ser un misterio para nosotros y podemos quitar el misticismo en esa área para los demás. Un esoterista u ocultista es una persona que trabaja con energías sutiles o subjetivas. Comúnmente se les denomina magos, puesto que parecen ser mágicos o misteriosos, alejados de las personas comunes. La meditación nos permite entender las energías sutiles que antes se escondían de nuestra vista.

Este libro tiene un punto de vista particular en el que se dice que para poder estar sanos tenemos que tener un flujo de energía libre proveniente de todas las partes de nuestro cuerpo y de nuestro ser. La mayoría de las incomodidades y las enfermedades son el resultado de bloqueos de energía que son ocasionados por la falta de un ritmo natural o pulsación de este flujo de energía en cuestión. Por lo general esta interrupción se da por las reacciones que tenemos ante diferentes acontecimientos en nuestra vida, lo cual provoca que nos contraigamos en varias partes de nuestro ser. Después se da una congestión de la energía y eventualmente se produce el dolor físico en una parte del cuerpo en particular.

La cristalización, congestión o contracción puede comenzar en cualquier nivel de nuestro ser. Puede ser el nivel mental en donde tenemos la fijación de los pensamientos. Esto puede involucrar nuestra vida familiar, nuestro trabajo, nuestra filosofía o cualquier área de nuestra vida. Si nos concentramos excesivamente en un área de la exclusión de otros aspectos de la vida, desarrollamos algo que es conocido como *idée fixe* o idea fija, y esto eventualmente causa un corto circuito en las energías físicas. En algunas constituciones físicas esto puede contribuir a una enfermedad como la artritis, en la cual las conjunciones o uniones se vuelven rígidas y sin movimiento, o el endurecimiento de las arterias y otro tipo de cristalizaciones como piedras en la vesícula biliar o en los riñones.

Muchas veces cuando nos enfrentamos a ciertas situaciones creamos bloqueos y supresiones de los flujos de energía en vez de actuar correctamente como respuesta ante estas situaciones. Desarrollamos patrones de conducta en los que constantemente actuamos con temor hacia ciertas circunstancias, con frustración, expectativas y pérdidas. La energía emocional circula dentro de nosotros y no tiene forma de ser liberada. Entre más flexibles seamos y entre mejores respuestas tengamos ante lo que ocurre en nuestra vida podemos mantener el equilibrio entre materia y energía en nuestro ser. Los flujos de energía que pasan a través de nosotros previenen el estancamiento y la enfermedad y podemos decir que hemos logrado desarrollar el poder para desmaterializar un exceso de energía en forma de cristales, piedras y depósitos artríticos. Por lo tanto, podemos decir que entre menos cristalizados estemos, mayor flujo de energía habrá en nosotros y en nuestro medio ambiente.

Algunas veces conocemos personas que tienen el flujo de energía muy disipado y difuso. Estas personas aparentan tener una pérdida de los límites normales del ego. En otras palabras, se han convertido en seres sin valor provocado por ellos mismos, sin un gramo de egoísmo pero de una forma errónea. En esta época muchos jóvenes no tienen dirección ni intención en sus vidas. Parece que todas las barreras dentro de la sociedad han sido retiradas y como resultado, muchos jóvenes no tienen disciplina, incluso para las cosas que desean.

Tal vez estas personas estén reaccionando a la rigidez con que se trataba a otras generaciones. Necesitan superar ese estado preliminar de aberración de las barreras sociales para poder encontrar su guía interna o su ser superior, el cual los va a poder dirigir para lograr un flujo libre de energía. Necesitamos un equilibrio entre estos dos extremos, y la meditación nos puede proveer una herramienta para lograr este propósito.

Durante varias formas de meditación, los principiantes en el arte experimentan la energía de diferentes maneras y algunas veces se sienten ansiosos o alarmados por estas sensaciones. Puede ser útil hablar al respecto de estas manifestaciones de energía, ya que ocurren de forma común, antes de entrar en un estado de meditación.

Antes de que los flujos de energía más positivos se conviertan en algo más obvio, tendemos a ser conscientes de nuestras congestiones o bloqueos corporales. Nos hacemos conscientes de nuestros sentimientos de tensión en diferentes grupos de músculos y éste es el motivo por el cual las diferentes formas de relajación son unos precursores muy poderosos y útiles de la meditación.

Otra experiencia común es la congestión y el sentimiento de pesadez en el área del hígado, que es el área debajo de las costillas del lado derecho. Desde hace muchos siglos, el hígado ha ido asociado con las emociones y es por eso que el estrés emocional puede alterar la digestión. Si se practica de forma regular la meditación, cualquier congestión se aminora y necesitamos ser pacientes puesto que este proceso lleva varias semanas.

*NUESTRA ENERGÍA PUEDE ESTAR
MUY CONCENTRADA O MUY DIFUSA
La cristalización es la tendencia hacia la inactividad
de pensamiento o de sentimiento o ambos. Nos alejamos
de los demás y de nuestro medio ambiente.*

*La difusión excesiva nos puede proporcionar la experiencia
de ser invadidos por el mundo, incluyendo a las personas
que se encuentran a nuestro alrededor. Los límites normales
entre nuestro sentido de ser y el mundo se convierten
en una línea muy delgada.*

La siguiente experiencia más común en la meditación son las sensaciones de frío o calor en varias partes del cuerpo. De nuevo esto está relacionado con desequilibrios de energía previos, y eventualmente un libre flujo de energía corrige los desequilibrios por medio del flujo de calor o frío hacia varias partes del cuerpo. Generalmente, el que las manos y los pies irradien un poco de calor, quiere decir que hay un equilibrio de energías y que la persona está relajada. Por este motivo en el Oriente, los yogis meditan de vez en cuando en la nieve para poder mostrar su eficiencia en esta área. Otra experiencia muy común es sentir una pesadez en las manos durante la meditación a pesar de sentir en el resto del cuerpo gran ligereza. Algunas veces esto indica que la persona tiene la habilidad de utilizar sus manos para sanar.

Otra sensación muy común mientras vamos progresando en la meditación involucra la pérdida de los límites físicos, lo que da origen a una sensación de ligereza, de expansión y muchas veces de que se está flotando. Algunas veces podemos sentir cómo nos expandimos y vamos llenando el cuarto y sin embargo seguimos conscientes y alertas, aunque la conciencia se sienta como algo inclusivo de los contenidos y de las personas del cuarto. Como precursor de esta expansión una persona puede sentir cómo se balancea hacia una dirección en particular. Todas estas experiencias indican un cambio en el foco del la conciencia directa del cuerpo físico hacia los estados de energía subyacente a nuestro cuerpo físico.

La apreciación visual de la energía es también muy común e incluso los principiantes pueden ver los flujos de colores hermosos que se encuentran alrededor de ellos cuando meditan. Un azul profundo en frente de los ojos indica profunda relajación y puede ser curativo. Algunas personas tienen una experiencia auditiva en la que escuchan zumbidos y campanas conforme se van concientizando de las oscilaciones u ondas que van más allá de los rangos normales del sonido que los humanos podemos experimentar.

SENSACIONES EXTRAÑAS
CUANDO COMENZAMOS A MEDITAR
Podemos experimentar calor o frío en ciertas partes de nuestro cuerpo. Es muy común que sintamos que el aire se mueve alrededor nuestro o que nuestro cuerpo se balancea o se inclina.

Durante la meditación podemos tomar energía del medio ambiente o volver a equilibrar nuestra energía existente y ésta es experimentada como una recarga que hace que sintamos energías fluyendo dentro de nuestro cuerpo. Cada persona tiene un periodo de adaptación diferente para poder sentir los efectos energéticos, pueden ser días o meses. El efecto inicial puede ser una simple relajación, una mejora en el dormir, mejor concentración en el trabajo y mayor facilidad para manejar el estrés.

Ejercicios de energía

Puedes experimentar un flujo de energía realizando unos simples ejercicios. En todos mis años enseñando meditación, jamás he tenido a un alumno que no haya sentido algún tipo de experiencia energética realizando estos ejercicios.

Sostén tus manos a unos quince centímetros de separación y de manera lenta júntalas y sepáralas continuamente, como si tocaras un acordeón. Después de unos minutos la mayoría de las personas experimentan la sensación de tener una pelota elástica entre sus manos mientras que otros sienten calidez, frío o cosquilleo.

Después, ponte de frente a un compañero y sostén tus palmas con unos cuantos centímetros de separación de las suyas y realiza el mismo ejercicio. Ahora introduce una variación instruyendo a tu compañero para que cierre los ojos mientras trazas un patrón a unos cuantos centímetros de sus palmas. En la primera parte del ejercicio tiene que intentar saber cuál es la palma que está trabajando en ese momento y en la segunda parte tiene que tratar de adivinar cuál es el patrón. Es sorprendente cuántas personas logran realizar este ejercicio y la repetición mejorar la habilidad.

Otro ejercicio involucra una mayor parte de nuestro campo de energía. Con los ojos cerrados ve si puedes sentir las energías fluyendo alrededor del cuerpo físico y qué tan lejos se extienden en el medio ambiente. ¿Tienen algún color o densidad en particular? ¿Tienen un límite rígido o son densas? ¿Qué les ocurre a estas energías si piensas en una experiencia desagradable? ¿Cambian su densidad, color o tamaño? Después piensa en una experiencia muy alegre y siente lo que hacen las energías. ¿Hay alguna diferencia en el tamaño o en la calidad respecto a las experiencias anteriores? Puedes desarrollar este ejercicio caminando alrededor del cuarto y adoptando diferentes posturas y tensiones musculares que estén en contacto con la experiencia que estás recordando.

Finalmente, aprende a contraer las energías alrededor del cuerpo y a expandirlas para llenar un espacio en particular. Siente la diferencia entre estar completamente contraído o compactado y difundido. Repite los ejercicios de relajación del último capítulo, ahora podemos combinar esta nueva conciencia de las energías con la relajación. Hemos aprendido a permitirle a nuestras energías que se expandan, sin permitirles que se conviertan en algo tan difuso que altere los resultados.

Ya hemos explorado la relajación y la energía hasta un grado en el que podemos acercarnos al significado de proceso de meditación, el cual es concentrar y utilizar la energía en nuestras vidas. El moldear la energía a través del proceso de concentración nos mueve hacia el resultado creativo de lo que es la verdadera meditación. Por lo tanto nuestra siguiente tarea es la concentración.

Capítulo 3

CONCENTRACIÓN - SU PAPEL EN LA VIDA DIARIA

En el capítulo anterior hablamos acerca de los problemas del exceso de la difusión de nuestras energías. La concentración es un aspecto apropiado del proceso de la meditación para que se hable al respecto en este momento. La concentración consiste en enfocarse en un punto y de la tranquilidad que se desarrolla de enfocar la mente en una sola dirección.

Una mente disciplinada da como resultado la concentración. Por lo general no está presente hasta que hemos desarrollado nuestra mente. Por ejemplo, no observamos gran concentración en los animales, en los bebés o en los niños pequeños. Se distraen fácilmente con el sonido y el movimiento. Un gato se puede concentrar en acosar a un ave, pero si nos colocamos detrás de él y aplaudimos saldrá corriendo rápidamente. Un bebé parece concentrarse cuado se alimenta del pecho materno, pero un ruido fuerte o un objeto de color brillante ocasionará que el bebé pare de alimentarse casi de forma inmediata.

El ruido excesivo, el ajetreo y la disipación de las energías experimentadas en esta época han ocasionado que muchas personas se quejen acerca de la falta de concentración en sus vidas. Dicen que esta debilidad causa problemas en el trabajo y en las relaciones. Frecuentemente, hay una razón física y bioquímica para este problema. Como con la práctica de la relajación, si los ladrillos de construcción básica para las células saludables (en forma de minerales) no están presentes, no importa cuánta gimnasia mental realicemos, nada va a poder mejorar la concentración de la persona.

Los problemas bioquímicos son obvios en los niños hiperactivos, quienes, a través de su falta de habilidad para concentrarse, proveen gran estrés a sus familiares y maestros. Hay suficiente evidencia médica de que estos niños son, en muchos casos, deficientes en minerales como el zinc, el calcio, el magnesio y el potasio. Los niveles elevados de metales pesados como el plomo, mercurio, cobre y cadmio en nuestro ambiente junto con los altos niveles de insecticidas en la cadena alimenticia, son antagonistas a los minerales esenciales para poder tener una función neurológica correcta y equilibrada. Los adultos también son afectados de manera similar, en particular en su concentración. Las dietas deficientes en minerales y con muchos aditivos añaden más problemas debido a los contaminantes que poseen.

La concentración nos permite recolectar o dirigir la energía dentro de un espacio en particular para poder lograr el enfoque y la clarificación en el área considerada. Tal vez podemos decir que es un intento deliberado de contraer la energía para un propósito en específico. Hemos visto que aparentemente muchas personas se pueden concentrar de forma automática gracias a un entrenamiento laboral sin tener habilidades de meditación. El ingeniero, el científico y el ejecutivo o las personas que tienen un trabajo de tipo gerencial, se pueden concentrar en un problema en particular hasta resolverlo. Veamos unas de las cualidades positivas que la concentración les proporciona a estos profesionales, de hecho a cualquier persona que se tome la molestia de desarrollar esta habilidad.

Por medio de la concentración aprendemos a trabajar a pesar de las distracciones, y por lo tanto las tareas que realizamos están sujetas a muy pocos errores. Como las distracciones nos quitan el tiempo, el concentrarnos nos ayuda a poder lograr más en la misma cantidad de tiempo. Es este punto que habla del tiempo, el problema principal tanto de los profesionales como de todos aquellos que tratan de traer un poco de orden y ritmo a sus vidas. En los veinte años que llevo dando consultas han venido a mí personas de todos los rubros laborales, culturas, niveles sociales, etc. La pregunta es cómo utilizar el tiempo de manera más efectiva.

Una historia común es que las personas experimentan distracciones, e incluso cuando éstas pasan se sienten muy alterados para regresar a la tarea que estaban realizando. Esto merece ser examinado. Las personas que han aprendido ha concentrarse también tienen las mismas distracciones potenciales durante el día, pero parece que esto no interfiere con su productividad así que ¿cuál es la diferencia?

Es posible que muchas personas actualmente le den la bienvenida a las distracciones porque les da una excusa para no concentrarse. Examinando los patrones de trabajo y de la vida en sí, es más que obvio que las condiciones para que haya una perfecta armonía y paz jamás se van a presentar. Sin embargo, una vez que hayamos decidido llevar a cabo una actividad en particular, que vemos como una prioridad necesaria, debemos respetar la actividad y llevarla a cabo tomando ciertas precauciones para minimizar la interrupción.

Si estamos en casa tal vez sea necesario desconectar el teléfono y explicarles a los niños que necesitamos concentrarnos sin interrupción. Si es posible, hacemos arreglos para que los niños vayan a casa de alguien más en ese momento. Aún más, planeamos utilizar ese tiempo de manera constructiva cuando los niños se encuentran en un grupo de juegos, en la escuela, con algunos amigos o con familiares. Es impresionante cómo muchas mujeres no aprovechan las pocas horas que tienen para ellas para concentrarse en sus actividades y en su desarrollo. En vez de eso se enfocan en hacer llamadas, lavar la ropa, en ordenar la casa y en cocinar, las dos horas en las que podían haber realizado alguna lectura recreativa o algo de relajación se esfumaron. Los quehaceres mundanos podían haberse hecho a un lado para cuando lo niños regresaran de la escuela y comenzaran a hacer todo ese ruido y ajetreo que traen consigo.

Los mismos principios se aplican en la oficina o en el lugar de trabajo. Si un teléfono suena y el que llama interrumpe tu actividad que estaba planeada, podemos tener un asistente o una recepcionista que tome los mensajes y así realizar seis o siete llamadas en otro momento. He visto cómo muchos de mis colegas permiten que sus recepcionistas los interrumpan por cualquier llamada y cómo animan a las personas a que se presenten para tomar una taza de café y platiquen.

LA MEDITACIÓN AYUDA A CONCENTRARNOS
EN LA OFICINA O EN LA CASA
Estamos conscientes de las cosas que pasan
a nuestro alrededor, pero permanecemos
sin distraernos de nuestra tarea.

Una vez que imponemos un patrón de trabajo particular, los clientes, las llamadas y los socios entenderán y respetarán este patrón. Organizar nuestro tiempo es una gran parte de la concentración. Es muy importante reflejarlo en todos los aspectos de la concentración, cómo el arte debe fluir en todos los aspectos de nuestra vida, en vez de restringirse a media hora de una sesión de meditación.

La habilidad para organizar y planear es parte del arte de la concentración y es un atributo de la mente. Esta habilidad proporciona coherencia a nuestras vidas y les da a nuestras actividades claridad y agudeza. La luz láser está caracterizada por la coherencia, lo cual significa que las ondas de luz se mueven de forma coherente, en la misma dirección a diferencia de las partículas de luz que se mueven en todas direcciones. Esto es lo que le da al láser su poder de penetración para el uso en la medicina, rompiendo cristalizaciones, como las piedras del riñón y cálculos biliares, y en la cirugía ocular para poder reparar una retina despegada.

Tal vez no es una coincidencia que en este estado de la evolución humana el desarrollo del láser tenga que ver con el aumento en el número de personas que están desarrollando la mente hasta un punto muy fino, en el que la mente puede ser utilizada como un láser para penetrar la superficie de situaciones, eventos y problemas, dando como resultado soluciones creativas a muchas áreas de la vida. Más adelante vamos a hablar de los efectos coherentes de un grupo de meditación para la sanación planetaria y para poder resolver varios problemas globales.

Otro atributo de la concentración es la habilidad de vivir completamente en el presente y mantener una conciencia minuto a minuto. En algunos manuales de meditación este atributo es llamado conocimiento total. Es decir que podemos actuar en vez de reaccionar ante una situación. En otras palabras dejamos atrás nuestra condición pasada para poder estar completamente presentes en un momento en particular. Si nos volvemos conscientes de nuestros pensamientos, podemos darnos cuenta de cuántas veces nos adentramos en el pasado, arrepintiéndonos de ciertos eventos, sintiéndonos culpables del pasado, deseando poder cambiar ciertos acontecimientos, sintiéndonos enojados o resentidos, etc. También tenemos sueños del futuro y de cómo podemos beneficiarnos si ciertos eventos nos ocurrieran. Fantasías acerca del futuro y arrepentimiento acerca del pasado hacen que utilicemos una gran cantidad de energía de nuestro presente e inevitablemente perdemos la concentración.

La práctica de la concentración nos permite vivir de manera creativa en el presente y responder de manera positiva a las necesidades actuales. En contraste algunas personas tienen la filosofía de no hacer planes porque desean la libertad de seguir lo que les parezca mejor o que los va a llenar más en cualquier momento. Éste no es un atributo de la concentración, sino de la distracción extrema, por lo general resulta en disipación y confusión.

Una persona disipada puede contrastar con el otro extremo de un ingeniero, científico o ejecutivo que está tan tenso y tan preocupado con el trabajo que necesita un ritmo de relajación y de equilibrio para restaurar su armonía. En este ejemplo la contracción de energía se relaciona con la concentración en el trabajo que entonces se vuelve una contracción de energía en la persona que por lo tanto pierde la habilidad de fluir con la vida. La pulsación básica saludable del flujo de energía en la persona desaparece. La concentración siempre tiene que estar equilibrada por la relajación con la consecuente restauración del flujo de energía saludable.

Resumiendo, podemos decir que la concentración desarrolla el uso de energía para la organización, el enfoque, la solución de problemas, la acción pura, la constante conciencia, el ahorrar tiempo y la exactitud. Como un medio para utilizar la energía contraída y enfocada, la concentración en la vida diaria y la meditación necesitan estar en balance por medio de una actividad relajante y expansiva del cuerpo y la mente. El siguiente ejercicio básico para la concentración utiliza la respiración.

Meditación por medio de la respiración para la concentración

Toma el primer ejercicio de relajación del capítulo uno hasta el punto en donde comienzas a practicar la respiración, o comienza un nuevo ejercicio inmediatamente con la respiración que es relajante en sí. Siéntate en una posición cómoda con la espalda derecha, también puedes hacer este ejercicio acostándote para relajarte aún más o para dormirte. El ritmo de la meditación refleja el proceso de la respiración y en este ejercicio aumentamos ambos nuestra relajación y nuestra concentración al atender la respiración de manera más profunda por un periodo más largo.

Comienza contando cada exhalación hasta llegar al número diez y repite el proceso. Mantén tu mente concentrada en la respiración y cada vez que divague oblígala a regresar sin alterarte. Cada vez que olvides cuál es el número que sigue, comienza de nuevo. Fíjate cómo tu respiración se hace más lenta, más profunda y más rítmica. Intenta este ejercicio inicialmente por cinco minutos y ve aumentándolo hasta llegar a unos veinte minutos. Pon atención en los efectos en la relajación, en la energía y en la concentración.

También es un buen ejercicio para relajarse y para energizarse cuando estás esperando el metro, el camión o una cita. El contar te desprende de tu entorno, el cual puede interferir con una meditación más pasiva o más compleja. Algunas variaciones hermosas en el tema de la respiración están expresadas en el libro de Thich Nhat Hanh *The Miracle of Mindfulness*

(*El milagro de la conciencia*). Él sugiere contar cuando se camina: los pasos se cuentan y la respiración se regresa a la normalidad para descansar durante cinco minutos antes de comenzar otra vez.

En este libro, el punto principal de la meditación es producir cambios creativos y constructivos en nuestras vidas. Por lo tanto, después de haber aprendido a relajarnos y a trabajar con las energías para el propósito de la concentración en la tarea que estamos realizando, pasamos a explorar el significado de creatividad.

Capítulo 4

CREATIVIDAD - LA ESENCIA DE LA MEDITACIÓN

Hemos explorado brevemente el arte de la relajación y de la concentración y de la relación que tienen con el uso de energía. Ahora vamos a revisar la parte más excitante de la meditación, en donde la meditación es un arte creativo. La habilidad para crear es el atributo más sobresaliente de la humanidad. Es en la creatividad humana y en la meditación en donde comenzamos a apreciar el verdadero papel de la mente y a diferenciar esos tipos de meditación que son pasivos de los que pueden transformar nuestro ser y el medio ambiente para obtener salud.

El papel de la meditación en la creatividad y la ventaja de la meditación creativa sobre un enfoque pasivo se resume en el libro *La educación en la Nueva Era* de Alice Bailey (vol 1):

La meditación es el agente creativo más sobresaliente en nuestro planeta. Cuando tú como individuo procuras construir al nuevo hombre en Cristo que será una expresión de tu verdadero ser espiritual, la meditación es tu mejor agente, pero el proceso de la meditación debe ir acompañado por trabajo creativo, o sino se vuelve algo puramente místico, y aunque no algo inútil, es algo negativo en cuanto a los resultados creativos.

Nuestra filosofía se tiene que expandir aquí, para imaginar la creación del universo. Para apreciar los puntos realizados por Alice Bailey, debemos entender que al nivel microcósmico el universo es una mezcla de energías que pueden ser llamadas espíritu y materia. Interactúan para producir la conciencia y la forma. Ésta es una filosofía mucho más racional que aquella idea de que el universo fue creado a partir de la nada. En vez de eso, deberíamos pensar en el significado de nada como algo que no tenía forma o que no era una cosa. La física moderna se ha acercado al punto de vista oriental en el que se dice que el universo consiste en muchos campos de energía interconectados y que el espacio está lleno de estos campos. El concepto de un vacío se ha convertido en algo menos aceptado excepto en el sentido de que es un universo sin forma.

Los términos básicos, espíritu y materia, pueden ser entendidos como una continuidad, como una interacción rítmica entre estos dos polos de nuestro universo para producir una multitud de formas físicas que podemos observar a lo largo del universo. La existencia de una posible inteligencia suprema que dirige esta interacción es un tema separado que no vamos a discutir en este libro, nos vamos a concentrar en el tema de la creatividad en nuestro nivel de experiencia.

Cuando decimos que la meditación es un arte creativo, no queremos decir que estemos creando algo de nada sino recreando formas por medio de varias mezclas de materia y espíritu. Si creativo significa hacer algo nuevo, estado de vida creativo es un estado del ser que no está condicionado por el pasado. Está libre de los hábitos, las restricciones y las limitaciones, y tendrá la calidad de la espontaneidad. Eso no quiere decir que no vamos a utilizar el pasado, pero en vez de estar condicionados por él, vamos a extraer la esencia y a seguir adelante para realizar nuevas creaciones.

Muchas personas se vuelven cristalizadas durante la edad que abarca los veinte. En otras palabras dejan de crecer una vez que han comenzado a obtener y a aprender las habilidades iniciales, un oficio o una profesión para poder obtener ingresos y una vez que se han estabilizado en el hábito de una relación en particular. En esta época, las comunicaciones masivas de ideas a través de los medios electrónicos y de la prensa han agitado a la humanidad en particular desde la Segunda Guerra Mundial. Como resultado el ritmo de cambio en los pueblos y en la sociedad es mucho más rápido en esta época que en cualquier otra. Las personas de hoy en día tienden a aprender nuevas habilidades y a cambiar de trabajos cuando están en los treinta y en los cuarenta y también tienden a cambiar de parejas. Esta tendencia no estaba presente en las generaciones anteriores, por lo menos no en tal proporción y esto ha creado mucho estrés y tensión. A la larga estos cambios en las actitudes hacia la vida producirán una humanidad más creativa con relaciones mucho más saludables e íntimas.

Desde un punto de vista oriental podemos decir que el destino, o el karma, de la humanidad está acelerado. En otras palabras la persona promedio está expuesta a muchos más impactos que antes como consecuencia de la educación, los viajes y el movimiento en general de estos tiempos. La palabra karma está mal entendida tanto en el mundo occidental como en el oriental y no se le da la importancia debida. Un equivalente, una expresión coloquial es "Tal y como has visto, deberás de recoger los frutos". Desafortunadamente, esto ha sido mal interpretado para hacerlo ver como un estado inamovible de asuntos en los que nuestro destino está sellado por acciones de las vidas pasadas y por las que realizamos al principio de ésta. En ciertos lugares del Oriente esto ha producido un estado de aceptación así que se realiza un mínimo esfuerzo para cambiar el medio ambiente social. El resultado es la hambruna, la enfermedad y la pobreza. Se hace muy poco para cambiar el *status quo* y la vida se acepta tal como es.

En el Occidente tenemos el problema opuesto. El ambiente ha sido manipulado y alterado a tal grado que casi destruimos el planeta. A pesar de esta acción negativa que es nuestra responsabilidad, los occidentales creemos que el karma se arregla y nuestro destino no está predispuesto. Las miles de profecías de la Nueva Era acerca del inevitable juicio final en donde habrá un cataclismo mundial caen en esa categoría. No hay espacio en estas predicciones para esa intervención creativa, la cual está ocurriendo en las áreas de conservación y ecología. Esto se explora con mayor detalle en la sección que habla sobre la sanación planetaria.

La vida creativa nos da fluidez, adaptabilidad, espontaneidad e ingenio. Nos permite enfrentar retos en casa y en el trabajo y hace la vida más dinámica y llena de intereses. Como con la concentración esto implica vivir en el presente y tener una conciencia que es un conocimiento de todo lo que pasa a cada momento. Nos libera del miedo del futuro y de la culpa del pasado, no hay espacio para estas cualidades negativas en compañía de las actitudes creativas.

Ahora veremos a la creatividad en términos del proceso de la meditación. En cuanto al pulso rítmico de la vida, el proceso de meditación debe modelarse en un ciclo de respiración. Primero tenemos que inhalar que también es descrito como una alineación. El primer estado incluye la fase de relajación, no puede haber alineación en nuestro ser si estamos contraídos y tensos. Atención al cuerpo físico, las emociones y la mente y a su integración, las cuales son parte del primer estado de inhalación.

En el siguiente estado, la pausa entre la inhalación y la exhalación, el verdadero trabajo de creación comienza. Este estado también es llamado el interludio superior. Puede ser corto o largo dependiendo de nuestra experiencia y de nuestras habilidades en meditación. Durante este espacio vamos a tomar un problema o un proyecto y lo vamos a explorar con la mente. Cuando ya no podamos imaginar más conceptos del tema, le permitimos a la mente quedarse quieta y mantener nuestro aplomo interior, podemos quedarnos en una actitud contemplativa y esperar de manera receptiva. Si la mente divaga, la traemos devuelta gentilmente.

Durante el espacio del interludio superior podemos volvernos receptivos hacia las energías internas o a las energías sutiles espirituales que pueden hacernos ser creativos en un futuro. Los temas escogidos para este trabajo pueden ser mundanos, tal como un problema con tus hijos o un proyecto que hay en el trabajo, o puede ser la necesidad de trabajar en un problema planetario tal como lo son los hoyos en la capa de ozono, o el cómo poder alimentar a los niños que habitan en los países del tercer mundo. La mente también se puede utilizar para entender un concepto filosófico o religioso o para resolver un problema de salud personal.

Es muy importante darse cuenta que no estamos permitiéndole a la mente que dé vueltas y vueltas, y que se preocupe por un problema de la forma usual. El primer estado de meditación debe remover esta posibilidad y permitirnos en el segundo estado utilizar una parte superior o abstracta de la mente para trabajar con ideas y conceptos. Un periodo de contemplación o de quietud es necesario en el segundo estado para que se puedan dar frutos. Es en esta quietud que podemos recibir esas energías sutiles que iluminan nuestra mente. Este estado es la fase más importante y central de la meditación, el punto cúspide.

El siguiente estado es la exhalación y puede ser visto como la precipitación. Durante esta fase juntamos las energías recibidas y las precipitamos en la mente baja por medio de un acto de voluntad, es como un impulso dinámico de energía hacia nuestra mente práctica o inferior.

El estado final es el interludio inferior o pausa entre la exhalación y la siguiente respiración. En este espacio reflejamos y planeamos en un sentido práctico cómo exteriorizar las energías y las impresiones recibidas. Utilizamos la mente para planear los detalles de nuestra creación o proyecto. Una buena idea es tener a la mano un cuaderno para poder escribir las ideas en cuanto nuestra meditación esté completa. Las ideas son fáciles de olvidar una vez que nos sumergimos en nuestras actividades cotidianas. Este diario puede ser revisado de vez en cuando para que podamos ver cómo se desarrolla nuestra vida interna conforme pasan los meses o los años.

La vida interna se verá reflejada en varias ideas e impresiones que leguen a nosotros al pasar los meses. Al escribir estas ideas podemos llevarlas a cabo más fácilmente e incorporarlas a nuestra vida diaria. Puede que no sea un proyecto físico, pero puede ser una profundización en los procesos de la vida que se está llevando a cabo en el ambiente. Este mejor entendimiento puede entonces revelarse a otras personas. El llevar estas ideas a nuestra vida diaria es el verdadero sentido de la meditación creativa. En otras palabras el resultado final es una creación o recreación en nuestra vida y esto puede ser considerado como un proceso mágico.

Este proceso mágico no es una actividad misteriosa sino un método definitivo de construcción de forma y pensamiento utilizando interludios superiores e inferiores como se describió previamente. La construcción pensamiento y forma significa el proceso creativo mental que precede a la expresión creativa física. Tanto la magia blanca como la negra involucran este proceso de meditación. La diferencia entre las dos es la siguiente. En la magia blanca el "mago" siempre quiere el bien común o de una persona, con la intención de sanar, de crear un todo y de recrear y por lo tanto adopta un punto de vista inclusivo. El mago de magia negra es egoísta y separativo y las acciones y esquemas a menudo son destructivos, con un énfasis en los valores materiales. El mago blanco está preocupado preparando formas que expresen el alma o la esencia interna por medio de su proceso de construcción o meditación de forma y pensamiento.

Tenemos evidencia de magia gris dentro de nuestro medio ambiente. En este caso individuos o grupos han utilizado la ciencia y la tecnología para obtener ganancias materiales, sin responsabilidad por los efectos a largo plazo que pueden provocar la destrucción del medio ambiente. No se ha causado daño o se ha deseado el mal de manera deliberada, sin embargo la mente no ha sido utilizada positivamente para el bien común. Un ejemplo de magia negra es la industria de la publicidad en la cual las habilidades se han desarrollado para manipular a las personas para que compren productos sin importarles si mejoran o no sus vidas.

Se pueden realizar más observaciones, en el sentido psicológico, en cuanto a la meditación como un proceso creativo. Creatividad quiere decir hacer o crear o recrear nuevas formas. Estas formas pueden ser objetos físicos y otros tipos de producciones resultado de los procesos creativos tales como la poesía, la literatura, la arquitectura y el paisajismo. Los grandes artistas son aquellos cuyas formas revelan la vida dentro de sí o la esencia de la forma. Esto quiere decir que la creación es una mezcla de espíritu y materia. Algunas personas tienen una constitución psíquica que tiende a moverse fuertemente entre el espíritu y la materia. Esta primera identificación con un polo y después con otro puede ser un poco abrumadora y puede expresarse en términos psicológicos como una persona maniaco-depresiva. Algunos pensadores han sugerido que muchos personajes creativos son de este tipo, pero esto puede ser una generalización.

Un principio interesante se puede involucrar aquí. Las necesidades creativas son una combinación de actividad y quietud que en su mórbida expresión pueden manifestarse como un tipo de persona maniaco-depresiva. Es más apropiado sugerir que este tipo psicológico no ha aprendido a utilizar sus energías en una forma creativa total.

En la filosofía china los dos principios básicos del universo son conocidos como Yin y Yang. El Yang es el principio espiritual y es caliente y feroz, mientras que el Yin es el principio femenino y material que es más receptivo. El proceso creativo y la persona deben desarrollar y expresar estos dos principios en armonía. La humanidad se puede identificar o con el espíritu o con la materia, ya que estos principios son los dos polos del ser. La conciencia humana en sí es una mezcla de los dos polos y el alma humana o esencia interna es el resultado de mezclar espíritu y materia. Éste es el motivo por el cual tenemos la habilidad de ser creadores y el poder de destruir o recrear nuestro medio ambiente.

El verdadero significado de la Caída en la tentación se relaciona con nuestra identificación con la materia y la alegórica mordida de la manzana del árbol del conocimiento se refiere al despertar de nuestra conciencia. El desarrollo de la mente en un hombre primitivo puede darnos dos opciones entre dos cursos de acción, ya sea seguir el camino del materialismo egoísta o el de la identificación con la materia, o construir de forma creativa en respuesta a los principios espirituales, en nombre del bien común. Mientras comenzamos a desarrollar y a acrecentar nuestra conciencia comenzamos a mezclar los pares opuestos. La humanidad por fin está empezando a tomar responsabilidad por las interconexiones que existen entre todas las cosas vivientes de este planeta.

El siguiente ejercicio de meditación es denominado "Introducción a la meditación creativa" y se ha descubierto que ha sido muy útil para muchos principiantes tanto en sesiones individuales como en sesiones de grupo. Ha sido combinada con música grabada en cintas auditivas, pero no se recomienda al estudiante que utilice la cinta como guía para más de algunas semanas después de haber comenzado la meditación. Esta meditación en particular incluye los estados previos de relajación y concentración y después seguir hacia un estado más contemplativo. Las personas que meditan necesitan encontrar su propio patrón y ritmo para que puedan variar el tiempo necesario para cada estado. Todo el proceso de la meditación no debe superar los treinta minutos y probablemente sea bueno que se ocupen únicamente veinte minutos en el proceso de meditación de un principiante.

Introducción a la meditación creativa

Alineación

(Corresponde con la inhalación.) Visualízate sentado en un sillón muy temprano en la mañana admirando el amanecer. La superficie del agua está en calma, y refleja los rayos del sol, lo cual simboliza tanto las energías físicas y espirituales que irradian hacia nosotros. Sigue una alineación compuesta por tres factores:

Alineación física

Relaja cada parte del cuerpo, comenzando por los dedos de los pies. Visualiza la luz del sol fluyendo alrededor de cada parte de tu pie, y que va moviéndose hacia tu pantorrilla, tus muslos y tus pompas. Ve la luz cómo fluye a través de la cavidad abdominal, armonizando todos los órganos para que puedan trabajar juntos en armonía. La luz fluye entra y sale del pecho con cada respiración y fluye gentilmente alrededor de tu corazón creando un aura magnética y radiante. Sentimos cómo la respiración se hace más lenta y más serena; aun así fluye más energía con cada respiración. El flujo sube hasta la espina dorsal y pasa por los hombros y luego baja por los brazos relajando cada nervio y músculo de los mismos al igual que los de las manos. Finalmente fluye hasta tu cabeza, llenando cada célula de cerebro en paz, y luego tus ojos, oídos y boca, relajando la quijada y la lengua. Ahora estamos totalmente inmersos en una luz mientras estamos sentados frente al mar.

Alineación astral

Nos damos cuenta de nuestra naturaleza astral o la naturaleza de sus sentimientos y observamos cualquier área de emociones negativas o de conflicto. No vamos a ahondar en estas áreas, pero visualiza los disturbios que fluyen hacia nuestras piernas y nuestros pies y hacia el mar en donde se disuelven y se transmutan por la luz del sol. Toma unos momentos para realizar este proceso para que ocurra y experimentes la naturaleza de tus sentimientos mientras se convierten en algo translúcido y sereno.

Alineación mental

Aléjate del mar y dirígete hacia una colina que simbolice la mente viendo la vida desde muchas direcciones. No suprimas los pensamientos que surgen en tu mente, permite que floten como pequeñas nubes, dejando la mente libre. Luego visualiza brevemente el triplo de naturaleza física, astral y mental mientras la personalidad se alinea y libera de todos los bloqueos para que las energías curativas puedan fluir a través de su personalidad integrada.

Interludio superior

(Corresponde a la pausa entre la inhalación y la exhalación.) Éste es un momento de total reflexión y contemplación con la conciencia centrada en nuestro ser interior. Vuela como un pájaro desde la colina para viajar de la mente ordinaria o baja hasta el alma interna o esencia y permitir que la personalidad se convierta en receptiva hacia las energías curativas del ser interior. Un pensamiento semilla puede ser utilizado como pensamiento creativo, por ejemplo Yo construyo una casa llena de luz para vivir en ella. Explora este concepto desde muchos ángulos con la mente superior tanto en un sentido global como uno individual. Por ejemplo, la casa llena de luz puede ser un símbolo de nuestro ser inferior, la personalidad. Luego, cuando no se puedan desarrollar más ideas, mantén la alineación y permite que fluyan las energías internas. (Este estado puede durar de tres a diez minutos.)

Precipitación

(Corresponde a la exhalación.) Visualiza las cualidades recibidas como energías curativas de color dorado o rosadas que fluyen en forma de círculos para poder incluir a la familia y a los compañeros y también vitalizar nuevos proyectos. Ve como fluyen las energías para clarificar la mente, estabilizar la naturaleza de los sentimientos y la naturaleza astral y vitalizar o fortalecer la naturaleza física.

Interludio inferior

(Corresponde a la pausa entre una respiración y la siguiente inhalación.) Toma unos minutos para planear el trabajo de las siguientes veinticuatro horas para así continuar con el balance o equilibrio interno o alineación. Visualiza un arco iris de luz y amor que abarca todo el día y camina por encima de él emanando luz y amor. Regresa a la Tierra dando un gran respiro y estirando tu cuerpo.

En resumen, podemos decir que la meditación creativa es un proceso salvador, que nos permite redimirnos e inclusive con la producción de formas que responden a las necesidades individuales, grupales y del planeta en diferentes formas. Algunos ejemplos de formas incluyen invenciones físicas, sistemas de pensamiento como se puede apreciar en la literatura y en la filosofía y el arte pictórico. Vivir creativamente significa vivir en el presente, liberándose a uno mismo del pasado y haciendo una contribución positiva al medio ambiente.

Hemos explorado un poco acerca de la relajación, la energía, la concentración y la creatividad en el proceso meditativo y hemos realizado algunos ejercicios y algunas técnicas inductoras que el individuo puede desarrollar y mejorar con el paso del tiempo. Ahora podemos comenzar a pensar en cómo expandir nuestro enfoque meditativo más allá de nuestra vida privada. El profundo efecto de la relajación, el llenarse de energía y recrear nuestro espacio personal puede extenderse hasta nuestra familia y nuestra vida laboral.

Capítulo 5

MEDITACIÓN EN LA FAMILIA Y EN EL LUGAR DE TRABAJO

No hay mejor lugar para comenzar a crear una relación espiritual y un trabajo de sanación que dentro de la familia. Las tensiones y problemas de vivir unos con otros son muy comunes y hacen de la familia el lugar perfecto para comenzar una alineación interna. Muchas de estas tensiones han tenido su inicio con los padres, las parejas y los hijos en vidas previas, y sin saberlo estamos reiniciando patrones de conducta familiares. Paradójicamente, algunas veces las tensiones con aquellos cercanos a nosotros son tan grandes que suelen ser la última área que deseamos arreglar.

Necesitamos ver detenidamente estas situaciones familiares para poder tomar el enfoque adecuado. El enfoque meditativo difiere de la discusión, la pelea, la lógica, los consejos, la confrontación o cualquier otro tipo de interacción de la personalidad. En el proceso meditativo estamos dispuestos a unirnos con nuestro ser interno o alma y en nuestras relaciones con los demás este enfoque es muy válido. Superamos el nivel de la personalidad y esto nos ahorra gran cantidad de energía, porque a ese nivel estamos condicionados a reaccionar conforme lo que los demás quieren decir hacer, lo cual da inicio a un círculo negativo sin fin. La meditación real es acción pura, es respuesta a una necesidad que se presiente; es una forma de crear algo nuevo o de recrear y sanar.

A través de la mejora de nuestra integración de la personalidad y nuestra alineación con el alma, la meditación ayuda a todas nuestras relaciones. No debe tener un efecto de aislamiento que nos aleje de las demás personas y se tiene que poner todo el cuidado en las relaciones puesto que esto no es un escape de las mismas. Esto puede pasar si se tienen actitudes incorrectas. Uno puede imaginar que si la pareja se siente manipulada o invadida por la otra persona, la meditación se puede tomar como excusa para protegerse y así retirarse de la compañía de la otra persona.

Hay una línea muy delgada entre la necesidad de tener un tiempo a solas para explorar nuestra naturaleza y el hábito de ser introvertido, lo cual nos aísla de los demás. Como siempre, los resultados de la meditación se pueden medir por los efectos que ésta tiene en el medio ambiente. El verdadero entendimiento del aura de una persona es literalmente su esfera de influencia en el medio ambiente. Ésta es una mejor forma de describir el aura, más que si decimos de qué color es o qué forma tiene. Para empezar, el ser interno siempre va a estar condicionado o coloreado literalmente por el aura del observador, ya que esa persona ve a través de su propia esfera que la rodea.

Hay muchas formas en que la meditación puede ayudar a una familia. Vamos a comenzar con la primera que es el embarazo, o tal vez debamos comenzar antes de la concepción. Si la pareja medita, entonces pueden ponerse en una situación con mejores influencias para la concepción. Por medio de la meditación diaria ya sea matutina o vespertina, pueden intentar traer al mundo a un alma encarnada mucho más serena y sana al igual que el ambiente en el que se encuentre, además de que ellos mismos se volverán canales de luz y amor, lo cual les ayudará en su tarea de la crianza. (Los temas referentes a la reencarnación y el mecanismo del alma y el desarrollo de la personalidad aparecerán más adelante en los capítulos 7, 8 y 9.)

Esta actitud permite a los padres superar los problemas psicológicos comunes asociados con la crianza del niño. Esta meditación sirve para invocar una actitud de ser los cuidadores temporales y felices de serlo del alma del niño, en vez de ser unos padres manipuladores.

La práctica de una alineación interna les asegurará a los padres que el niño no trae una extensión de la personalidad de ellos. En este camino meditativo, el alma es llamada a encarnar de la forma más positiva y se siente bienvenida desde el principio de su descenso a encarnarse.

La vida intrauterina afecta profundamente al bebé de acuerdo con los estados psicológicos y psíquicos del medio am-

CREANDO SALUD PARA EL NIÑO NONATO
La meditación de los padres le envía un flujo de energías
positivas al bebé que está creciendo en el vientre de la madre.
Esto tiene efectos de protección y energizantes.

biente de la madre y en menor medida el del padre. Imagina el efecto positivo que tendrá en el bebé el que su madre medite durante veinte minutos al comenzar cada día. Ella alinea su personalidad con el amor y la luz de su alma. Cada día fluyen alrededor del bebé brillantes flujos de energía, mejorando todo lo positivo en su patrón de crecimiento y proveyendo el mejor ambiente.

La meditación durante el embarazo tiende a apagar las predisposiciones en el niño en un momento en el que las fuerzas son muy plásticas y están sujetas a modificaciones (ver siguiente capítulo, acerca del cuerpo etéreo). También ayudará a proteger la psique en desarrollo del niño de muchos efectos negativos del mundo de hoy en día. Aún más, le permite al alma del niño expresar su verdadero patrón, lo cual va a influenciar de manera positiva al vehículo de crecimiento. El efecto de la meditación en el sistema inmunológico protegerá a la madre y al bebé de cualquier efecto negativo de los virus con los que puede estar en contacto durante el embarazo. Esta protección tiene lugar en parte por la estimulación de la glándula del timo. (Ver capítulo 9, acerca de los siete centros de energía o chakras.)

En ese momento la meditación también mejora las energías positivas y sutiles asociadas con el crecimiento del bebé. La salud de la madre también mejora y la paz y la serenidad fluirán en el cuerpo de la madre preparándola para tener un buen parto. Si la pareja también medita durante el embarazo, los efectos en el bebé serán aún más positivos.

Durante el parto, cuando la madre está muy ocupada, el padre puede adoptar una actitud meditativa y rodear a su pareja con amor, luz y energía. Incluso si no lo hace de la manera usual, puede imaginar cómo proyecta esas cualidades mientras ayuda a su pareja. De forma similar, otras personas cercanas a la pareja pueden meditar y esto les ayudará tanto a la pareja como a los doctores o parteras involucrados en el proceso además de que añadirá un alo de protección alrededor de la madre y el niño.

Durante el crecimiento del bebé, la meditación en la familia es muy importante para muchas situaciones. Pueden ser situaciones que se den a la hora de alimentar al bebé, pequeñas o grandes enfermedades y accidentes, momentos económicos difíciles, enfermedades en alguno de los padres, dificultades con los suegros o con otros parientes, etc. A veces hay decisiones difíciles que tienen que tomar los padres del bebé como es el caso de vacunarlos.

En estos momentos, la meditación nos permite separarnos de una forma correcta y quitar nuestra atención de nuestras reacciones inmediatas. Una vez que nos hemos alineado y que hemos obtenido nuestro ritmo durante el interludio superior del proceso de meditación, podemos tomar mentalmente un problema y llevarlo a un lugar tranquilo, examinarlo desde todos los ángulos y luego permitirle a las energías del alma que fluyan. Frecuentemente, no vamos a recibir una respuesta como tal, pero de alguna forma el problema ya no lo vamos a percibir como algo grave y de grandes magnitudes y tal vez se resuelva solo. Si se manifiesta una enfermedad en el niño, la meditación nos ayudará a dejar de preocuparnos: las energías del alma pueden ser proyectadas alrededor del niño y a menudo esto acelera el proceso de curación.

En otro momento, tal vez al escoger una escuela, el curso de acción correcto llegue a nuestras mentes cuando menos lo esperemos unos días después de que hayamos realizado nuestra meditación. Esto es muy común, la inspiración llega cuando nuestra mente no está enfocada en el problema y se encuentra en un estado de quietud, entonces la solución, la cual puede haber sido proporcionada por la meditación anterior, llegará a la mente.

Mientras se desarrolla la personalidad del niño, las diferencias psicológicas y los problemas entre los padres y el niño van a comenzar a surgir. Si el trabajo de base para la meditación está hecho, estos problemas se pueden minimizar; si no se practica la meditación, las dificultades psicológicas resultantes pueden crear un incentivo para que los padres comiencen la meditación. Los años de la adolescencia, en particular, pueden ser muy difíciles puesto que es el momento cuando los sentimientos se unen con la personalidad. Cualquier problema no resuelto de años anteriores puede solucionarse con la meditación y así prevenir problemas futuros.

En ese momento es muy valioso para los padres desligarse de sus reacciones de la personalidad del niño y permitir que sus energías del alma invoquen al alma del niño. Esto debe ser realizado con el propósito de ayudar al alma del niño para que pueda trabajar en su propia personalidad de la mente, en sus sentimientos y en su cuerpo y que el trabajo sea realizado desde dentro de él mismo y no impuesto por alguno de los padres. Espera y ve los efectos de este enfoque y verás que te sorprenderán. Una vez más, si ambos padres pueden meditar, entonces los resultados serán mejores.

Un resultado interesante de esta actitud es que la tensión entre padres e hijos se rompe y parece que el niño se sensibiliza ante los padres. Es difícil saber si esto es el resultado de las energías del alma que fluyen de los padres a los hijos o si la ruptura en el círculo de tensión le permite fluir a la energía del alma del niño. Probablemente los dos aspectos ocurran al mismo tiempo. Se sugiere el siguiente ejercicio de meditación.

Meditación para un hijo o para otros seres queridos

Sigue la relajación usual hacia todas las partes del cuerpo y realiza el procedimiento de alineación para que la personalidad se integre. Muévete hacia el interludio superior, utilizando la siguiente visualización. Ve el alma como el centro de una luz radiante ligada con las otras almas, que crean una gran cadena. Algunos puntos de luz son más brillantes que otros, pero todos están conectados y pueden transmitir su amor y vida por medio de la cadena hacia las demás almas.

Después, manteniendo la mayor cantidad de conciencia respecto a esta cadena, permite que se una con el alma de la persona en cuestión. Hazlo reflejando sus mejores cualidades y más positivas y después por medio de un acto de imaginación creativa ve más adentro e imagina su alma que eclipsa todo, la cual busca impresionar a la personalidad con energía curativa. Haz una unión muy positiva con esa alma y pídele que envíe su luz y amor hacia la personalidad. Pídele que ayude a que sus vehículos acepten la luz del alma y que crezcan a la imagen o patrón del alma.

Luego ve cómo se desenvuelve la personalidad en diferentes formas tanto creativas como saludables, tal vez escogiendo las influencias ambientales adecuadas para ayudar en el proceso de obtención de una vida creativa. Envía de manera consciente corrientes de energía de tu alma al alma en cuestión y visualiza las energías fluyendo hacia el alma de la otra persona a través de la mente, las emociones y el cuerpo físico. Pide que se lleve a cabo la curación de acuerdo con el plan para el alma.

Utiliza esta meditación por lo menos una vez a la semana o cuando te sientas ansioso sobre el bienestar de la otra persona.

Meditación en el área de trabajo

Una de las ventajas de tener una actitud meditativa en la vida es que atraemos ese tipo de trabajo, lo cual es una expresión de nuestro ser a tono con el resto del universo. La meditación nos ha vuelto personas creativas y por lo tanto, automáticamente eliminamos los tipos erróneos de ocupación en nuestra vida. Esto puede que no ocurra de la noche a la mañana, pero la alineación con el alma nos da paciencia para esperar el tiempo necesario para que ocurran los cambios internos. Sentimos que estos cambios interiores se van exteriorizar en nuevas oportunidades.

Podemos cambiar nuestro trabajo a uno que nos dé menos prestigio o dinero, pero será compensado si éste es más creativo y satisfactorio. Como preludio de este cambio positivo en el ambiente laboral, necesitamos aprender a proyectar nuestro ser interno o alma hacia la esfera que involucra nuestro trabajo. Esta proyección es la que conlleva a los cambios. Al principio puede parecer que los cambios son desastrosos, por ejemplo, quizá tengamos el valor de enfrentarnos a un jefe o a un compañero muy difícil y que como resultado de lo mismo nos despidan. Este nuevo espacio crea la oportunidad de obtener nuevas energías para que fluyan en nuestra vida.

Es importante recordar que la práctica de la inocuidad, la cual debe de acompañar a una actitud meditativa ante la vida, no evita que digamos la verdad o que expongamos algunas situaciones que de otra forma causan más daño a largo plazo.

Es muy fácil clavar la cabeza en la arena cuando estamos en el trabajo o con la familia para preservar la paz a cualquier precio, pero el precio es demasiado alto para justificarlo. Aún más, la verdadera paz no resulta de cubrir las energías discordantes que en un momento dado pueden erupcionar con la menor provocación. Muchos de nosotros pensamos que es muy difícil concentrar la valentía suficiente para "mover el bote", aunque obviamente el bote se vaya a hundir en la siguiente tormenta.

Cualquier cambio importante en las relaciones, familiares o de trabajo llegan con algo de dolor. ¿Así que cómo podemos producir cambios en el trabajo por medio de la meditación? El lugar de trabajo es una extensión de la familia, cada día estamos con las mismas personas y ciertamente no siempre son personas que nosotros habríamos escogido. Surgen todo tipo de dificultades.

LA ENERGÍA CONTINÚA
La meditación en el ambiente laboral puede mejorar
las relaciones humanas y promover el éxito
en los proyectos grupales.

Algunos empleados tienen habilidades natas, sin embargo, puede ser que todos reciban la misma carga laboral y la misma paga. Otros pueden ser vistos como unos flojos, pero tienen una forma especial para poder manejar a sus superiores para poder obtener más favores que aquellos que trabajan más duro. Hay muchos que son muy celosos y tratan de hacerle la vida imposible a los compañeros. Parece que los creadores de estos dramas emocionales necesitan toda esa carga emocional para poder pasar el día, sin darse cuenta de que afectan a los demás.

Otros tienen enfermedades reales y tienden a apoyarse en los demás compañeros quienes a la larga son devorados por estos males. Algunos empleados sufren el maltrato de un superior tirano; otros no tienen a un verdadero líder y no saben que hacer. La lista es interminable. La meditación se puede utilizar en miles de formas para realizar cambios positivos en nuestra vida laboral.

Cuando trabajamos para integrar la personalidad por medio de la meditación, creamos un instrumento unificado que puede ser muy poderoso a la hora de trabajar en el ambiente laboral. Esto aumenta nuestra velocidad, eficiencia y fuerza de voluntad. Se habló de estos atributos en el capítulo anterior referente a la concentración. El atributo más importante es la intención del alma que puede fluir hacia nuestro trabajo por medio de la alineación con nuestro ser interno.

El efecto inicial en la vida, como se mencionó con anterioridad, es que esta luz añadida exponga o ilumine las debilidades de nuestra naturaleza. El mismo fenómeno ocurre en el ambiente laboral. De pronto nos damos cuenta de que hay muchas cosas escondidas, muchos motivos, muchas agendas que cumplir en nuestro lugar de trabajo, y nos sentimos indignados. Cuando esta ira se traslada a una forma verbal o cualquier otro tipo de expresión, nos encontramos a nosotros mismos en un gran limbo. De manera alternativa, podemos tomar la situación en nuestra vida meditativa y producir una transformación interna, primero en nuestra actitud y esto a su vez puede fluir al ambiente.

Imaginemos por un momento que de pronto vemos los motivos y las manipulaciones de un colega y las implicaciones que esto tiene en el área de trabajo. En vez de una confrontación inmediata, decidimos meditar al respecto. Seguimos el procedimiento general. Nos unimos con el alma de esa persona y vemos el problema desde muchos ángulos. Entonces entramos en un estado contemplativo y dejamos que las energías del alma fluyan. Visualizamos las energías de esa persona fluyendo hasta su personalidad y produciendo cambios positivos. También visualizamos energías positivas de nuestra alma fluyendo hacia el ambiente laboral.

Nuestra meditación nos permite desligarnos de la reacción emocional hacia esa persona. Eso quiere decir que cuando nos acerquemos a esa persona para discutir lo que nos preocupa, la persona no nos va a percibir como amenazadores y tal vez podamos invocar una respuesta interna verdadera de la persona en cuestión. Parece que seleccionamos las palabras adecuadas que producirán los cambios necesarios. Inténtalo, de verdad funciona y los resultados son impresionantes.

Habrá ocasiones que nuestra meditación tiende a acelerarse en busca de un cambio en nuestro ambiente personal. Por ejemplo, habrá situaciones de trabajo que están demasiado cristalizadas para que pueda darse cualquier cambio, y será mejor que marquemos el espacio para que puedan ocurrir mejores cosas en nuestra vida. Sin embargo, nuestra meditación nos dará ese desligue para que no nos volvamos demasiado emocionales y nos aflijamos con el cambio. Durante el periodo que haya entre dos trabajos, sin importar lo largo que sea, necesitamos continuar con nuestro trabajo para ponernos a tono internamente para así poder sostenernos y atraer nuevas energías a nuestra vida.

Imagina que nuestro lugar de trabajo es razonablemente receptivo hacia la expresión creativa y que deseamos utilizar la meditación para aumentar esa creatividad. Una buena idea es meditar antes de las juntas. Después de la relajación y de la fase de alineación, lleva en tu mente a todas las personas involucradas hasta el momento del interludio superior. Visualiza cómo se unen las almas y cómo fluyen las energías en armonía hasta la sala de juntas y que la junta se desarrolla en paz y armonía. Pide que todas las energías negativas se vayan, que cada persona contribuya de manera creativa y proporcione ideas creativas y que el resultado sea positivo.

Incluso el que haya un mediador pude ser algo positivo en el ambiente laboral. Este efecto es denominado incorporación. Si colocas un número determinado de relojes de péndulo juntos en la misma habitación, llegará un momento en que todos los péndulos sigan el mismo patrón de oscilación. La persona que opta por una actitud meditativa va a tener un efecto de incorporación en el medio ambiente y gradualmente esa persona y su ritmo de vida perderán en los demás. A menudo esto suele darse como una persona que va y pide ayuda. Ésta puede ser una buena oportunidad para enseñar a la otra persona a meditar y esto tendrá un efecto positivo en el lugar de trabajo, porque entonces habrá dos mediadores.

Puede surgir una oportunidad para que sugieras que todos los que estén interesados en aumentar su creatividad tengan una sesión de meditación en el área laboral. Esta sesión puede ser denominada como una visualización creativa; no se necesita utilizar la palabra meditación. El concepto de que la energía se traspasa puede ser el punto focal de la sesión. Esta sesión puede concentrarse en un proyecto en particular. Los interesados pueden reunirse quince minutos antes de la hora de descanso en algún salón o alrededor de una mesa y llevar a acabo el siguiente ejercicio:

Visualización creativa para el trabajo

Un miembro del grupo necesita actuar como facilitador y sería preferible, pero no esencial, que esta persona tuviera experiencia en meditar. El facilitador guía al grupo a través de varios estados y les permite un tiempo considerable para cada uno de ellos. Pueden utilizar música, puesto que la meditación puede ser un proceso difícil para aquellos que se sientan cohibidos por la misma, debido a que es un proceso nuevo.

Relajación y alineación

Visualiza al grupo sentado alrededor de un lago en un claro de un bosque. Ve miles de flores de todo tipo creciendo alrededor de la orilla del lago y huele el perfume, las fragancias que flotan en el aire. Los rayos de luz se filtran a través de las hojas. Cada persona puede imaginar cómo toma una posición cómoda alrededor de la orilla del lago sobre el pasto suave.

La primera parte del ejercicio es para retomar una breve conciencia alrededor de cualquier parte del cuerpo. Imagina cómo te estiras y sacas las tensiones de tu cuerpo con el calor de los rayos del sol mientras descansas sobre el pasto. Cada persona toma conciencia de sus sentimientos y observa sus conflictos personales o problemas, ya sean personales o en el trabajo. Cada uno imagina cómo echa todas esas cosas malas al centro del lago, en donde un gran pez plateado se los devora y los convierte en energía positiva.

Después de que todas las emociones negativas han sido desechadas, el grupo se sube a un gran bote que se aleja del centro del lago. Este bote simboliza la mente del grupo, que puede ver el proyecto desde varios ángulos. Enfoca la mente para que esté tranquila, todos los pensamientos son arrojados por la borda del bote. Durante unos minutos se permite al grupo que se una en mente aún más.

Interludio superior

Visualiza el cuerpo, la mente y las emociones completamente integradas y alineadas, y mira al proyecto desde cada ángulo y ve como se realiza el trabajo eficiente y fácilmente. Dirígete a un lugar calmado para que la energía creativa fluya libremente alrededor del proyecto y para que las soluciones fluyan en respuesta a cualquier problema.

Precipitación

Reúne las energías recibidas y proyéctalas hacia la mente conjunta del grupo, permitiendo una naturaleza emocional para que se pueda trabajar en armonía y serenidad, y proporcionando la energía física necesaria para proveer las habilidades y expresiones para poder completar el proyecto.

Interludio inferior

Ve los efectos que tiene el proyecto cuando fluye hacia la comunidad, invocando respuestas positivas y dando más trabajo interesante y reconfortante. Anima a las personas a que aterricen al remar hacia la orilla y después caminar alrededor de la orilla del lago. Termina con una respiración y estirando tu cuerpo.

En resumen, la meditación puede producir efectos muy prácticos en nuestra casa y en nuestro ambiente laboral.

Antes que nada, introduce una condición de desligue para que no estemos tan involucrados emocionalmente con la familia o con los compañeros de trabajo y así no reaccionar tan agresivamente. Después, por medio de la integración de la personalidad y la alineación con nuestra esencia creativa o alma, podemos transmitir influencias curativas positivas y resoluciones creativas ante situaciones difíciles. Aún más, aumenta el bienestar y la función de aquellos con los que vivimos y trabajamos aumentando su propia energía del alma.

Algunos enfoques parciales y técnicas de un enfoque meditativo de la vida han sido considerados. Los dos siguientes capítulos tratan sobre algunos conceptos esotéricos técnicos pero interesantes, en los que se describen varios niveles de conciencia en el universo y en el mecanismo físico que hemos desarrollado para explorar estas regiones. Inicialmente, tuve una discusión sobre si poner o no todo lo práctico al principio del libro, pero eso hubiera alterado el punto principal del libro que era sacar a flote la información esotérica por medio del texto para producir un flujo significativo, una explicación y la secuencia.

Al principio algunos lectores pueden preferir evitar los siguientes capítulos que hablan sobre temas esotéricos como planes, campos de energía y chakras, pero entonces van a descubrir que eso hace más difícil entender los efectos prácticos de la meditación. Otros descubrirán que ésta es la sección más interesante y reveladora del libro porque, sin importar qué terminología se utilice, este viaje y los vehículos utilizados para este viaje son experimentados por todos nosotros, más temprano que tarde.

Capítulo 6

LOS SIETE PLANOS DE LA CONCIENCIA

Uno de los dogmas centrales de las enseñanzas transhimalayas es el concepto de los siete planos de la conciencia en el universo. Esto ha sido aclarado en los escritos de Alice Bailey, tales como *A treatise on Cosmic Fire* (*Tratado del fuego cósmico*), el cual fue publicado en 1925. Desde aquella época muchos otros escritores han dado sus propias interpretaciones acerca de esas enseñanzas. Algunos confían en las enseñanzas de Blavatsky y Bailey y han añadido sus propias interpretaciones y experiencias.

Aquí se da un pequeño vistazo a este concepto de niveles o planos del universo, estas ideas nos ayudan a entender el significado de los diferentes niveles de conciencia en los que operamos. Ya conocemos algunos niveles gracias a nuestra experiencia cotidiana y algunos otros niveles los contactamos gracias a la meditación. Aunque tendemos a pensar que estos niveles están separados en forma lineal (ver capítulo 1), en realidad son campos interconectados de diferentes grados.

Durante la meditación podemos movernos en diferentes niveles del ser o de la conciencia, y esto es relevante para discutir los atributos de estos diferentes estados para que podamos entender las energías experimentadas durante la meditación. La meditación es un viaje o aventura hacia nuevas tierras del ser. Algunos de estos niveles pueden ser experimentados de manera espontánea en diferentes momentos en la vida o en los sueños, pero en el proceso de la meditación ahora estamos haciendo observaciones conscientes a cada nivel.

Uno puede meditar sin hacer teorías y pensar acerca de los conceptos de los siete niveles del ser. A menudo la mente es llamada el asesino de lo real. Y muchas personas han confiado en el conocimiento teórico de los conceptos occidentales u orientales acerca del universo para remplazar la experiencia directa. Reconociendo esta posibilidad, debemos tratar de entender al universo y su arreglo tanto de una forma teórica como de una forma práctica o en un sentido inmediato. El camino que tome el futuro puede involucrar una síntesis de mente (conocimiento) y corazón (experiencia inmediata).

Los tres primeros planos son los diferentes niveles de la experiencia de cada día y se experimentan por medio de nuestras personalidades en el medio ambiente. Estos tres planos proveen la sustancia o el marco para nuestras sensaciones, sentimientos y pensamientos. Al considerar estos niveles como regiones separadas de la conciencia, podemos utilizarlas de manera objetiva. Estamos hablando acerca de tres campos de energía diferentes que corresponden a los niveles de experiencia física a través de cinco sentidos físicos, los sentimientos y los pensamientos.

Vamos a examinar los tres niveles con detalle y los niveles sutiles con los que nos podemos volver más familiares durante el proceso de meditación. Podemos ver de manera más objetiva los tres primeros planos a través de un cambio en nuestra conciencia que va mucho más allá de esos niveles. El pensamiento reflexivo tiene el efecto de abstraernos de estos tres planos. Tal medida de desligue es fomentada por el proceso meditativo y nos permite utilizar los tres fundamentos de los tres planos inferiores de forma creativa.

Tanto en nuestro pensamiento reflexivo como a través de la meditación, nuestra tarea es estar en movimiento continuo para llegar hacia la fuente del ser; mientras vamos realizando un contacto con cada capa, o plano, con el que aprendemos a trabajar de manera objetiva con los fundamentos que antes eran subjetivos o esotéricos. Entonces, en lugar de ser controlados por nuestras emociones y nuestros pensamientos, nos convertimos en su creador y supervisor y experimentamos la libertad que hasta ahora no habíamos experimentado en nuestra vida cotidiana.

Cuadro 1. Los siete planos
o niveles de la conciencia

1. ADI: Plano de lo divino o del logos, mundo de DIOS.
2. MONÁDICO (Anupadaka/Anupapadaka): Mundo de los espíritus virginales, de nuestro ser supremo.
3. ÁTMICO: Mundo de la voluntad espiritual, de los seres espirituales.
4. BÚDICO: Mundo del espíritu de vida, plano de la razón pura, de la intuición del amor/sabiduría.
5. MENTAL (manásico): Mundo del pensamiento, el hogar del alma, de las ideas, los conceptos; la mente inferior, la mente organizada, analítica y discriminativa.
6. ASTRAL: Plano del deseo, de los sentimientos, nivel superior es nuestra tierra de los sueños felices; el nivel inferior es el tradicional purgatorio o infierno.
7. FÍSICO: A) El nivel etéreo: es un bosquejo o una plantilla para el crecimiento físico; nivel de la energía del cuerpo, por ejemplo, el cuerpo etéreo.
   B) El nivel del plano físico burdo; de los sólidos, los líquidos y los gases; nuestro cuerpo físico.

En vez de estar acomodado en forma lineal, se tiene que pensar en los planos como algo interpretativo, como el agua, la arena y el aire.

Comenzando con el plano físico con sus constituyentes de materia física, líquidos y gases, las enseñanzas esotéricas añaden el concepto de una parte más sutil del nivel físico que provee la energía y el patrón para el crecimiento físico y el desarrollo. Debemos llamar a estas dos secciones del plano físico, nivel siete.

Recientemente, el concepto de campos sutiles que influencian todo el crecimiento físico y el comportamiento han sido muy debatidos dentro de la ciencia siguiendo los controversiales tratados publicados por Rupert Sheldrake, un científico del Reino Unido. Sheldrake está entrenado como un científico occidental y también está familiarizado con los conceptos orientales. Utilizó el término campos morfogenéticos para explicar el patrón de crecimiento de las células vivas, lo cual no ha sido entendido por los bioquímicos ortodoxos y la ciencia física. Los biólogos no pueden explicar adecuadamente el patrón de crecimiento de los seres vivos; por ejemplo, ¿qué es lo que hace que unas células se dirijan a formar la nariz y otra a formar el brazo? El libro de Sheldrake, *The Presence of the Past* (*La presencia del pasado*) es un sumario extraordinario de este tipo de pensamiento hasta la fecha.

El nivel etéreo del universo, nivel 7

El reino sutil del plano físico a menudo es denominado por los escritores de temas esotéricos como el nivel etéreo. Se considera que proporciona una plantilla o bosquejo del crecimiento de nuestros cuerpos físicos al igual que para todas las formas físicas en la naturaleza. Lo etéreo está condicionado tanto por factores internos como subjetivos, y también por factores externos o del medio ambiente. La práctica de la meditación tiene un gran efecto en nuestro cuerpo etéreo y por lo tanto en los órganos y las células físicas. (Esto será explicado con mayor detalle en el próximo capítulo.) Por lo tanto, hay una parte del plano físico llamado lo etéreo y como individuos tenemos una parte sutil de nuestro cuerpo que es denominada el cuerpo etéreo.

En resumidas cuentas, el nivel etéreo provee y transmite energías de los planos superiores, incluyendo la plantilla básica o patrón del universo físico. Hay un mecanismo de retroalimentación del nivel físico que llega al campo de energía etéreo, y podemos modificar este campo con nuestros pensamientos, sentimientos y percepciones espirituales. En vez de imaginar las dos partes del plano físico en forma lineal, necesitamos percibir el nivel etéreo como interrelacionado con el físico.

A la hora de relacionar el concepto de lo etéreo con lo físico como dos aspectos de un solo plano, recordamos los descubrimientos paradójicos de la física moderna que nos dicen que un electrón pude ser una partícula (materia) o una onda (energía). Entonces nos damos cuenta de que lo físico y lo etéreo son dos lados del universo físico, materia y energía.

El nivel astral o de los sentimientos de la conciencia, nivel 6

El siguiente nivel en el universo es el plano astral o emocional de nuestro ser. Aunque este nivel es imaginario desde un punto de vista muy culto o ilustrado, para la mayoría de las personas es muy real, puesto que se sienten atrapadas en sus sentimientos y su vida está condicionada por miles de deseos tanto burdos como sutiles. El plano astral es el nivel en el cual todo deseo, emoción y sentimiento se localiza en el universo. Sus niveles inferiores son vistos como el tradicional infierno de las enseñanzas religiosas, mientras que las regiones más refinadas contienen imágenes más finas y deseos de la raza humana, la tradicional tierra de los sueños.

Literalmente, este nivel es el lugar al que vamos cuando soñamos. El aspecto glamuroso de este plano viene del hecho de que es creado por los deseos, sueños y los anhelos de la humanidad desde hace siglos. Para el visitante astral toda esta experiencia es real, pero eventualmente podemos liberarnos de todo este *glamour* y seguir adelante hasta llegar a los niveles superiores sin estar condicionados por el deseo.

La meta de ciertas religiones, y de la práctica de la meditación es la misma que la del famoso maestro Patanjali, que seamos libres de este plano astral o emocional para que no estemos condicionados por nuestros deseos. Los famosos libros *El libro tibetano de los muertos* y *El libro egipcio de los muertos* son tratados de instrucción en cómo viajar a través de estas regiones siguiendo a la muerte. El libro *La muerte: una gran aventura*, de Alice Bailey, nos da una idea muy fácil de entender de los estados que siguen después de la muerte. El plano astral es peculiarmente activo en este momento de nuestra evolución planetaria debido a que la mayor parte de la humanidad ha enfocado su conciencia en los sentimientos sin importar qué tan activa esté la mente y el cerebro.

La meta de nuestra vida y de la práctica de la meditación es vista como el permitirle al nivel astral ser una reflexión lúcida de sus contrapartes superiores, el plano búdico. Antes de adentrarnos en este nivel del ser, primero debemos examinar el plano mental que es el quinto plano contando de atrás para adelante.

El plano mental, nivel 5

El plano mental está dividido en dos partes y consta de un nivel mental inferior, concreto o mundano y un nivel superior o abstracto. La mente concreta la sustancia sutil que manipulamos con nuestra planeación, nuestros esquemas y nuestro pensamiento analítico. Es el hogar de todas las clasificaciones y los sistemas que han sido desarrollados por los pensadores a través de los siglos, la sustancia utilizada en la formación del lenguaje y contiene los planes de trabajo de todos los proyectos y sistemas que están expresados en las civilizaciones. Hay muy poca aportación del mundo mineral, vegetal y animal, pero es el patio de juegos de la mente humana. Como los dos planos inferiores anteriores, recibe las influencias de los planos que se encuentran encima y debajo de él.

Igual de glamuroso es el problema principal con el plano astral, el mayor defecto con el que nos encontramos en la parte inferior del plano mental es la ilusión. Esto surge de las múltiples ideologías o puntos de vista que tienden a ser vistas como la verdad en vez de ser vistas como una parte de un punto de vista universal. Al enfocarnos en el alma, que es inclusiva, podemos superar las ilusiones del reino mental.

Los niveles físico, mental y astral deben ser vistos como niveles interrelacionados como el agua, la arena y el aire. Esto elimina la división artificial de verlos como capas separadas, pero preserva el entendimiento de que son sustancias básicas diferentes. Apropiadamente, estos tres niveles corresponden a los planos físicos de sólidos (físico), líquidos (astral) y gases (mental).

Llegamos a una región o campo muy especial de la expresión de los seres humanos. La región abstracta de la mente es el nivel de conciencia que nos distingue del reino animal. El animal piensa en una forma rudimentaria, pero el humano sabe que está pensando. Es el poder del pensamiento reflexivo lo que nos da la habilidad de crear y de recrear. La mente abstracta trabaja con ideas y las traslada a acciones por el conducto de la mente inferior, el cuerpo astral o de los sentimientos, y el cuerpo físico.

La habilidad de utilizar la mente abstracta puede unirnos con niveles más elevados del ser y puede hacernos receptivos a las impresiones espirituales de la mente universal o divina. La mente abstracta está al mismo nivel que el alma (ver cuadro 1). Hay tres aspectos de la mente que se unen entre sí en el viaje espiritual, la mente inferior, el alma (compuesta por materia mental) y la mente superior o abstracta. Esta unión entre los tres aspectos de la mente es la razón para enfatizar la mente en el proceso de meditación. Así que cualquier pensador creativo, ya sea un filósofo o un científico, puede convertirse en una persona receptiva a las verdades espirituales.

Los científicos utilizan la mente superior para explorar una teoría: algunas veces, después de que se examina un problema desde cada ángulo posible, una comprensión intuitiva del problema puede aparecer en la mente inferior del científico. Un ejemplo es el famoso principio de Arquímedes, quien descubrió que la masa de un objeto desplaza el mismo volumen de un fluido, y esto lo hizo mientras tomaba un baño. Otro ejemplo, éste del siglo XX, involucra al científico Niels Bohr quien tuvo una visión del diseño de un átomo, el cual más tarde resultó ser correcto gracias a la investigación científica. En ambos casos hubo un largo periodo de pensamiento concentrado, análisis y reflexión antes de que la mente inferior y el cerebro recibieran el destello intuitivo.

Si la mente no se desarrolla adecuadamente en su aspecto superior, no se puede estimular la intuición. Esto puede parecer contradictorio para la persona promedio que a menudo se confunde con intuición e instinto. Una corazonada que es instintiva se relaciona más con nuestra participación emocional con una situación o una persona más que con la actividad mental. La comunicación se transfiere a través del medio de la materia astral y está sujeta a distorsión y *glamour* porque el plano astral total está literalmente coloreado por nuestros deseos. Hay un dicho popular que dice, todo depende del color del cristal con que se mira, el cual está basado en la obviedad de que siempre coloreamos las situaciones con nuestra propia percepción. El plano astral se ha coloreado con miles de generaciones de deseos humanos que abarcan todas las emociones, tanto positivas como negativas.

La intuición tiene la distinción de siempre estar en lo correcto porque su fuente es de nivel superior y está en el plano búdico. Ese plano es el que sigue al plano mental, y se hablará de él un poco más adelante.

El uso de la mente concreta o inferior es un don particular del Occidente para el desarrollo planetario. Esto es evidenciado por la extraordinaria explosión de tecnología que ha tomado lugar en el Occidente desde la Revolución Industrial, y por la explosión de los medios de comunicación que han llevado la educación hasta los rincones más remotos del planeta. El éxito de Japón en el desarrollo tecnológico y las exportaciones que han estado realizando desde la Segunda Guerra Mundial es un indicador de que Japón se ha vuelto una pieza importante para unir las naciones entre el Occidente y el Oriente. A menudo, los descubrimientos y las invenciones de la ciencia han sido utilizados de manera destructiva. Como se sugirió con anterioridad, la respuesta es no revertir el proceso de desarrollo a un estilo de vida primitivo, para eso hay que utilizar la mente superior.

En una escala global, los individuos, los científicos y los grupos están unidos de manera más coherente para utilizar la mente y encontrar soluciones a varios problemas planetarios tales como la hambruna, las enfermedades, la capa de ozono, el efecto invernadero, etc. A la larga el uso creativo de la mente superior puede resolver problemas creados por puntos de vista a corto plazo. También podemos resolver problemas que llevan mucho tiempo como los desiertos en Australia y África, áreas enteras en las que la hambruna es algo común y epidemias tales como el SIDA.

El uso correcto de la sustancia mental involucra el tener un punto de vista más inclusivo en el cual mezclemos el corazón y la cabeza, o la mente y el amor. Esto nos lleva al siguiente plano, el plano central, medio o cuarto plano, llamado el plano búdico o intuitivo. El resultado de este nivel del ser se necesita mucho más en el occidente, un resultado que ha sido más accesible para el oriente con su enfoque no manipulativo de la vida. El camino meditativo de la vida en el Oriente ha hecho que el estado búdico sea más accesible para los orientales, pero la negación del uso activo de la mente ha prevenido que la introspección espiritual de Oriente les permita transformar su medio ambiente en un sentido práctico.

Sin embargo, en un futuro cercano con la mezcla y la síntesis del Oriente y el Occidente, uno puede visualizar el surgimiento de una espiritualidad y un ser en un giro de espiral superior. El misticismo y el ocultismo práctico expresarán un destello intuitivo de verdad a través de una mente entrenada que puede inmediatamente traducir y expresar las verdades recibidas en una acción sabia en varias esferas de la vida, ya sean política, religión, educación o economía. Algunos de los comités internacionales que se están juntando a discutir los problemas mundiales son un ejemplo de los puntos de vista inclusivos sugeridos aquí.

El plano búdico, nivel 4

¿Entonces cómo explica uno este nivel sutil o plano meditativo del universo? Es conocido como el hogar verdadero de la humanidad y es el plano más bajo en el cual los seres espiritualmente perfectos habitan. Es el plano medio que se encuentra entre el espíritu y la materia y tal vez ésta es la forma en la que debemos de entender el origen de la intuición, la verdad revelada de una mezcla perfecta de espíritu y materia.

La intuición es la vestimenta de las ideas divinas con la sutileza de la forma para que la mente humana pueda, si se estira lo suficiente, alcanza la luz que nos da poder realizar la introspección. La intuición puede también ser conocida como razón pura: el uso de la mente sin restricción por parte de las consideraciones o adornos materiales. Tal libertad y tal reflexión nos dan el entendimiento que es conocido como amor puro o sabiduría, y esto nos permite tomar acciones verdaderas.

También podemos mirar a este plano central como algo que enriquece al corazón verdadero o amor de la naturaleza en el universo. Amar a otra persona es entenderla perfectamente y es este amor incondicional el que es la sustancia o calidad del plano búdico. Eventualmente, aprendemos a remplazar el más personalizado y por lo tanto a los sentimientos astrales, que son incorrectamente llamados amor, con esta energía pura que rompe las barreras y que tiene una calidad curativa y de salvación. Todos los grandes maestros y sanadores utilizan esta energía en su trabajo. Para una mejor expresión se necesita que esté mezclada con la inteligencia de la mente superior y con el alma en un plano mental para que así amemos sabiamente.

El plano átmico, nivel 3

Los siguientes tres planos tienen una forma más difícil de apreciar e involucran nuestros seres y esencias de nivel espiritual superior. El tercer plano contando de atrás para adelante es el plano átmico y es el plano de la voluntad espiritual. Tenemos que utilizar la imaginación creativa para examinar estos tres últimos niveles, mientras tenemos menos puntos en común de la experiencia cotidiana hacia los cuales dirigirnos. Dentro de la personalidad la mente es la reflexión del aspecto de la voluntad, tal como en el nivel astral o en el sentimiento de la naturaleza puede convertirse en el transmisor del amor o la sabiduría del plano de la razón pura o intuición.

Si examinamos el camino de la mente en nuestra vida diaria, notamos que la mente puede dar dirección y planeación a nuestras actividades. En otras palabras desarrollamos una intención particular en nuestra vida a través del uso de la mente, y es una facultad que eventualmente nos permite utilizar la voluntad espiritual para aterrizar ideas espirituales e impresiones. El uso de energías del plano átmico provee el poder motivador final para transformar nuestras vidas y el medio ambiente alrededor de nosotros. Este plano es la fuerza con la que podemos mover montañas. Las tres energías de los planos átmico, búdico y mental, atma, buddhi y manas, o voluntad, amor y actividad inteligente, se necesitan todas juntas para lograr el crecimiento y la perfección en el reino humano. Son las reflexiones dentro de nosotros de la trinidad de Dios, o la trinidad divina.

Los dos planos superiores, niveles 1 y 2

Hemos visto rápidamente el plano físico, astral, mental, búdico y átmico del ser. Tenemos un cuerpo sutil o vehículo para cada uno de estos niveles y esos cuerpos o vehículos están indicados en el siguiente diagrama.

Los últimos dos planos en el nivel uno y dos no son relevantes para nuestras consideraciones meditativas inmediatas, ya que son demasiado cósmicos en sus implicaciones para que se discuta a detalle sobre ellos. El segundo plano es conocido como el ser monádico, el hogar de nuestra esencia espiritual superior o mónado. Otro nombre para este nivel es anupadaka o anupapadaka. El plano más alto o superior es conocido como Adi.

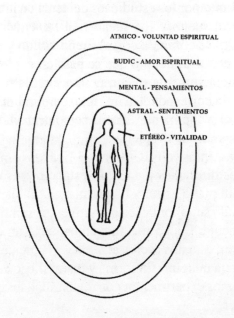

LOS CINCO CUERPOS O VEHÍCULOS

El entendimiento de los siete planos de la conciencia, o niveles del ser, nos permite entender tanto a nuestra propia naturaleza cómo se va desenvolviendo y el medio ambiente subjetivo más allá de los cinco sentidos físicos. El concepto del alma humana que se va perfeccionando gradualmente, que circula alrededor de los tres planos inferiores hasta que esté dotado con todas las cualidades posibles, nos proporciona tanto un entendimiento y una esperanza para la condición humana.

Circulamos no sólo alrededor de los planos durante una encarnación pero también en una escala de tiempo menor durante las veinticuatro horas en que se camina y se duerme. Cuando dormimos nos enfocamos en diferentes niveles mientras la noche progresa. Las ondas cerebrales han sido catalogadas hasta cierto punto por los estudiosos del tema en laboratorios que estudian el sueño y los sueños. El MOR (Movimiento Ocular Rápido) se compara con el sueño vívido y probablemente corresponde al tiempo que se pasa en el plano astral. Esta experiencia aumenta mientras se acerca la mañana. El sueño profundo corresponde a un ritmo cerebral más lento y se enfoca en el plano mental. Pocas personas recuerdan este estado después de que despiertan.

También podemos considerar que el ciclo de la meditación pasa por estos diferentes planos. El estado de visualización corresponde al plano astral y a una imagen vívida, mientras que el interludio superior de los pensamientos semilla corresponde a la mente. Luego nos movemos hacia un estado de contemplación; esto nos acerca al alma y a la mente superior, o más allá hacia un reino sin forma y maravilloso en el plano búdico. Podemos experimentar con regularidad los diferentes niveles del ser.

Un entendimiento de las diferentes energías que expresan los siete niveles del universo nos proporcionan información útil y necesaria acerca de los muchos tipos de conciencia experimentada por aquellos que se mueven más allá de los cinco sentidos. Esta información gradualmente se convierte en conocimiento de primera mano mientras desarrollamos una vida meditativa.

Esto nos lleva al punto en donde podemos hacer un bosquejo de las diferencias básicas en el camino espiritual entre el Oriente y el Occidente. La diferencia entre lo místico y lo oculto finalmente nos lleva a una síntesis significativa de la cual se habla en el siguiente capítulo.

Capítulo 7

DOS VIAJES DIFERENTES
A TRAVÉS DE LOS PLANOS

Hay diferentes caminos en los cuales individuos y secciones de la humanidad exploran la vida por medio de los siete niveles del ser. Estos enfoques diferentes explican algunas de las diferencias más grandes en los puntos de vista del mundo. Por ejemplo, los científicos tienden a trabajar con el nivel cinco (mente) y el nivel siete (físico). Para ellos, los niveles cuatro (búdico) y seis (astral o de los sentimientos) son usualmente no viables o significativos y tienen que ser vistos como algo no real. Para los cristianos, los niveles cuatro y seis son los niveles verdaderos; un cristiano con un enfoque fundamentalista rechaza los descubrimientos científicos acerca de la evolución del planeta.

Una vez que hemos aprendido a explorar y a utilizar los cinco niveles para el desarrollo humano, descubrimos que todos están en lo correcto. Roland Peterson escribió un libro informativo llamado *Everyone is Right* (*Todos tienen la razón*), el cual detalla las similitudes y las conexiones que hay entre las religiones más importantes, las filosofías, las enseñanzas esotéricas y la ciencia. Para aquellas personas que desean entender la síntesis básica que puede ser discernida en todo pensamiento humano, éste es un libro que deben tener.

Sin embargo, podemos observar dos enfoques básicos de la vida. Un enfoque explora la vida por medio de los planos físico, mental y átmico y es el camino que utilizan los científicos o los ocultistas y otro camino es el camino que experimenta la vida a través del sentimiento por los planos búdico y astral y es utilizado por los místicos. Estos dos tipos pueden ser clasificados como los extrovertidos (científicos u observadores) y los introvertidos (místicos). Estas distinciones tienden a corresponder con una parte dominante del cerebro ya sea la derecha o la izquierda, un concepto controversial pero conceptual. Ambos enfoques son válidos y eventualmente cada uno cobija al otro.

En el capítulo cuatro comenzamos a explorar las cualidades de los dos polos del universo expresados en la experiencia china del Yin y el Yang, la cual es otro ejemplo de estos dos enfoques básicos de la vida. En cualquier dirección que exploramos, podemos apreciar una mezcla de estos dos atributos. Por lo tanto, cada ser masculino tiene algunas cualidades femeninas y viceversa, como cada civilización tiene alguna expresión patriarcal como alguna expresión matriarcal. Algunos países como Japón pueden haber ido de un polo a otro por completo. Es un país oriental que se ha vuelto un país industrializado, a tal grado que se ha convertido en el líder tecnológico en muchas áreas. La creciente comunicación ha resultado en el aumento de los viajes y de la educación de las masas, lo cual significa que las diferencias entre los dos enfoques están siendo resueltas mientras el mundo se vuelve más como una gran aldea global.

Las diferencias entre el enfoque occidental y el oriental pueden deberse a las diferencias básicas en el temperamento, que se ven en las etapas de desarrollo dentro de la humanidad en sí y al ritmo básico de vida que provee una pulsación de vida hermosa. El enfoque oriental ha sido caracterizado como pasivo, místico, devoto y dependiente de un maestro externo al cual se obedece sin cuestionamientos. En el Occidente este enfoque también ha sido expresado pero en menor extensión en particular en las comunidades cristianas.

Sobre todo, el enfoque occidental rodea a la mente y ha evolucionado de un potencial activo y creativo dentro del alma humana. Como éste es un desarrollo más reciente dentro de la humanidad, todavía tenemos que resolver los enfoques negativos y manipulativos que el uso de la mente ha traído a la vida y al planeta. Una síntesis de los dos enfoques es posible gracias al aumento en la convivencia entre Oriente y Occidente, y podemos ver que esto ocurre en ambos hemisferios.

En Occidente, hasta hace poco, hemos enfatizado las tradicionales cualidades masculinas que son la asertividad, el dinamismo, la manipulación, la ambición y los logros materiales. Los desarrollos tecnológicos y científicos caracterizan nuestra forma de vida. Muchas personas piensan que el tener coches, casa con todas las comodidades como videos, televisiones y computadoras son la meta principal cuando comienzan a trabajar. La calidad de este tipo de vida es cuestionada en muchos lugares, y una minoría en crecimiento ha decidido simplificar su vida.

EL OCCIDENTE PUEDE PARECER MUY MANIPULADOR
Esta actitud puede interferir con el medio ambiente, resultando en disturbios para el equilibrio de la naturaleza.

EL ORIENTE PUEDE PARECER PASIVO
Esta actitud puede resultar en problemas ambientales
ignorados para nuestro perjuicio.

Alternativamente, las ciudades de Oriente han introducido a sus vidas un poco de la forma de vida occidental. Bombay, Calcuta y Bangkok se han convertido en tres de las ciudades más ruidosas y más contaminadas del mundo. Tal vez el Oriente necesite pasar por los mismos estados de desarrollo como pasó con el Occidente, el cual ahora está legislando para evitar el ruido y la contaminación.

La vida en el Oriente ha estado caracterizada por la supervivencia pasiva, con altas tazas de mortandad infantil, altos índices de pobreza, gente sin hogar y falta de lo que los occidentales verían como necesidades básicas. Como con otros países de tercer mundo, necesitan desesperadamente la tecnología occidental, la educación y la ayuda médica. Se han realizado muchos esfuerzos para llevar ayuda médica a estos países, pero la corrupción en ambas partes ha sido un grave problema.

Las tradiciones religiosas del Oriente han proporcionado gran entendimiento de la vida espiritual, resultando en un aumento en el número de viajeros y eruditos que interpretan enseñanzas invaluables para el Occidente. Hasta el año 600 d.C. el Oriente había influenciado el pensamiento griego. Uno de los primeros en interpretar las enseñanzas transhimalayas para los occidentales fue Helena Petrovna Blavatsky quien escribió a finales del siglo XIX. En su libro *The secret Doctrine* (*La doctrina secreta*) compara verdades similares y enseñanzas en todas las religiones y presentó la posible interpretación simbólica de muchas enseñanzas religiosas en las sagradas escrituras.

Blavatsky estudió extensivamente bajo la tutela de los lamas en el Tíbet. Esta rama de las enseñanzas orientales sobrevivieron en un forma pura relativa parcialmente porque el Tíbet está aislado. Ha habido muchos eruditos orientales que han estudiado las diferentes sectas del hinduismo y el budismo. Es posible que al paso de muchos siglos haya habido alteraciones en las revelaciones originales de maestros como Shri Krishna y de Buda. Es por eso que las enseñanzas transhimalayas sean consideradas por los esoteristas de gran valor, puesto que tienen menor oportunidad de ser distorsionadas.

Ha habido una tendencia en Oriente de enfocarse en un gurú en particular y permitir que la mente sea pasiva. La lealtad y devoción hacia el maestro es entendible y esencial para el viaje en el camino espiritual en Oriente. En Occidente, con el desarrollo activo de la mente, es más apropiado para nosotros encontrar al maestro interno que tenemos todos por medio del uso correcto de la mente, primero en el pensamiento discriminativo y analítico y después por medio del pensamiento abstracto y reflexivo. El camino del futuro probablemente involucre una mezcla de ambos caminos.

Es interesante observar los efectos de algunos maestros orientales en Occidente. Estos maestros se han mudado al Occidente y han reunido grupos de seguidores. Muchos seguidores con educación de tipo oriental han dado grandes sumas de dinero a los maestros, a menudo sin mucha discriminación mental en cómo se utilice el dinero en cuestión. En algunos de los movimientos principales hay seguidores con entrenamiento académico en ciencia que parece que están creando un equilibrio en ellos al cambiar a un enfoque más místico. Algunas veces esto es místico para el espectador que claramente ve la posibilidad psicológica de la manipulación de dichos devotos en su búsqueda para la ilustración espiritual.

El enfoque místico recae en la devoción amorosa del estudiante hacia el maestro o gurú. Ésta es la forma en que se hacía en el pasado, del Oriente, de la vida monástica de los cristianos y de nuestros primeros pasos en el camino espiritual. Es una época en la que demostramos perfecta obediencia a las reglas impartidas por el maestro, sin ningún cuestionamiento mental. Por lo tanto, la mente es sobrepasada en algún nivel, y nuestra conciencia en este camino se moverá directamente del nivel astral al nivel búdico.

El inconveniente primordial de este tipo de desarrollo es que el devoto no es capaz, sin el uso activo de la mente, de distinguir entre intuiciones que fluyen del nivel búdico y de las distorsiones glamurosas del plano astral que pueden parecer como verdaderas. Algunos gurús de Oriente y de Occidente que no tienen escrúpulos han capitalizado con este problema juntando un grupo de leales seguidores en Occidente.

Debido a que hay una ignorancia general en la comunidad acerca de los campos de energía más allá de lo físico, la persona promedio piensa que cualquier experiencia que supera los sentidos debe ser espiritual y debe venir de un ser o una fuente superior. Esto se aplica también a los fenómenos de canalización en los que una persona busca ser el canal de otra entidad. Muchos grupos se reúnen para recibir información a través de un canal. La mente crítica necesita valorar la calidad y la lógica del material espiritual recibido sin importar la fuente.

La fuente más común del material espiritual son el nivel mental inferior y el astral que son sujetos de *glamour*, distinción e ilusión. Esto se debe a que los tres planos inferiores del universo consisten de sustancia material en el sentido real aunque los niveles astral y mental consistan en cada sustancia sutil. Sin embargo, estos tres planos inferiores no son suficientemente permeables para que el espíritu revele la verdad.

Bailey remarca la necesidad de desarrollar y alcanzar la intuición en nuestro desarrollo mental y distinguir entre la verdad y la falsedad de las impresiones espirituales de la siguiente forma:

> La intuición requiere ocultismo dirigido, pero no meditación aspiracional. Requiere una inteligencia entrenada, para que la línea de demarcación entre la realización intuitiva y las formas de clarividencia superior puedan ser vistas claramente. Requiere una disciplina constante de la mente, para que pueda mantenerse estable en la luz, y el desarrollo de una interpretación correcta y culta, para que el conocimiento intuitivo alcance a formarse en las formas correctas de los pensamientos.
>
> De Rays and Initiations (Rayos e iniciaciones)

Es natural para los primeros estados del camino espiritual estar a lo largo de las líneas del amor y la devoción, pero en la era moderna este camino debe seguirse por medio de la mente desarrollada. La marea espiritual fluye en la misma dirección que el sol, del oeste al este. El Oriente ha provisto el camino en el pasado, pero el Occidente debe seguir su propio camino y éste incluye los regalos y atributos que una mente desarrollada puede darle a nuestra ilustración espiritual. Un meditador mentalmente polarizado puede transformar al devoto de un estado maravilloso y estático a uno en donde se haga una contribución dinámica y creativa al mundo. Esto no niega el camino de la felicidad y dicha que la meditación le puede dar a un devoto, pero le quita la dureza en su búsqueda creativa de lo bueno del ser total, de la comunidad y del ambiente.

El ocultismo, o el camino occidental, sigue una línea de lo físico hacia la mente superior al plano átmico. La unión con los niveles atómicos nos da la expresión dinámica del sirviente moderno. El pasaje hacia el nivel mental superior le da al ocultista acceso a lo inclusivo, a la cualidad desinteresada del alma y esto evita que el conflicto se pase al lado izquierdo del camino o al lado egoísta.

En las enseñanzas transhimalayas nuestra alma permanente o esencia reside en el plano mental superior y provee una reserva de energías espirituales que gradualmente se desarrollan a lo largo de las muchas vidas mientras circulamos en cada vida en los tres planos inferiores. Exploraremos nuestra constitución interna en el siguiente capítulo. Pero necesitamos resaltar que el alma está siempre consciente del grupo e inclusiva, al igual que es un foco para las energías de los planos superiores. El alma es el punto de encuentro para las energías espirituales y materiales dentro de nuestra naturaleza, y está compuesta por sustancia mental del tipo más elevado, la cual se inclina hacia a actividad creativa del tipo más desinteresado.

Por medio de la meditación unimos nuestras almas, y esta unión es una influencia curativa en nuestras vidas. Éste es un tema central en el libro. El alma es básica como un punto para mediar tanto para los enfoques místicos como ocultistas de la vida. Estar constituido por materia mental, el alma sólo puede ser contraída después de que una persona haya evolucionado en su mente de alguna forma. Por otra parte, la naturaleza del alma es el amor y la inclusión, y el contacto con el alma nos protege de la mentalidad que promueve un punto de vista exclusivo y separativo. Para considerar el alma, necesitamos discutir el concepto de reencarnación, y esto es otra forma de explorar cómo expresarnos en los tres niveles inferiores del universo.

El concepto de reencarnación

Una investigación reciente realizada en EUA indicó que el 60% de las personas aceptan la teoría de la reencarnación. Añade a esto la mayoría de orientales que aceptan esta enseñanza, y uno puede ver que una buena proporción de la humanidad acepta la idea. Esto no hace que una teoría sea verdadera; la mayoría de las personas alguna vez creyeron que la Tierra era plana.

Muchos libros que hablan de la reencarnación han surgido en el Occidente porque la aceptación de esta teoría ha aumentado. Para compaginar con el temperamento occidental, la mayoría de los libros son muy prácticos, tienen pequeños tratados con numerosas experiencias personales. Alguna de esta información personal ha sido recolectada por científicos médicos de Occidente y por psicólogos. Por lo tanto, esta área ya no puede ser vista como un área sin posibilidad de pruebas. Los libros de Wombach, Talbot, Young, Williston y Johnstone son referencias invaluables.

Las enseñanzas básicas transhimalayas acerca de la reencarnación es que el reino humano originalmente emergió del reino animal en los tiempos prehistóricos a través del desarrollo de la mente. Con cada persona, antes y ahora, un proceso llamado individualización ocurre en cierto estado del desarrollo mental, en donde un alma individual se manifiesta del grupo del alma instintivo de las especies animales apropiadas.

El alma es una entidad permanente. En cada vida circula alrededor de los tres planos por medio de su personalidad. A través de cientos de vidas, la esencia o cualidad de cada vida, y sus atributos positivos, están juntos en el alma en el momento de la muerte. Después de que nuestras personalidades han circulado por siglos alrededor de los tres planos inferiores y han regresado al alma después de cada muerte, cada uno de nosotros, como almas infundidas con personalidades, gradualmente nos movemos hacia la perfección de nuestras cualidades humanas.

REENCARNACIÓN. CIRCULANDO ALREDEDOR DE LOS PLANOS INFERIORES

La personalidad es una puerta del alma y circula alrededor de los tres planos inferiores, el físico, el astral (sentimientos) y el mental. El periodo de duración de este proceso es variable.

En cada estado de crecimiento, la voluntad se mantiene y se toman en cuenta por la enorme variedad en la expresión humana. No toda la humanidad comenzó el camino del desarrollo al mismo tiempo, así que tenemos almas en diferentes etapas. Los grupos de almas reencarnan juntas como resultado de los lazos anteriores y debido a que juntos desean lograr proyectos en particular e iniciativas en su encarnación física.

El tiempo entre encarnaciones varía enormemente de unos meses a siglos, dependiendo en la edad y desarrollo del alma. De los talleres de reencarnación recibimos muchas respuestas en las que las personas nos cuentan que sienten que reencarnan más rápido debido a la vida tan agitada que llevamos. El mecanismo para reencarnar será discutido con mayor lujo de detalle en el capítulo 12, el cual habla sobre el reino Deva.

Algunas personas asisten a talleres que están de moda para liberar sus vidas pasadas. Esto puede ser una pérdida de tiempo. El *glamour* y las ilusiones de los planos astral y mental inferior, mencionados previamente, significan que los recuerdos de la vida pasada de una persona pueden estar sujetos a error e ilusión hasta que desarrolla una conciencia clara al nivel del alma en el plano mental superior.

Las técnicas para mover la conciencia a un plano astral en los talleres involucra el uso de la frecuencia theta para alterar los ritmos del cerebro, respiración especial y una ligera hipnosis por medio de imágenes creativas. Las experiencias que las personas tienen en un plano astral como resultado de estas técnicas y de algunas otras pueden ser de mucha ayuda y muy interesantes para el bienestar psicológico, pero no necesariamente tiene que ser su propia experiencia. Pueden ser experiencias imaginarias o de otras personas conocidas o desconocidas. Es por eso que sólo los verdaderos maestros espirituales tanto de Oriente como de Occidente pueden hacer que sus estudiantes sobrepasen las visiones de los reinos astral y mental inferior.

En resumen, hay dos caminos principales de enfocar la realidad en los cinco planos inferiores del universo. El enfoque místico abarca los planos de los sentimientos (astral, plano seis) y amor (buddhi, plano cuatro). Tiene como meta básica la unión con lo divino, algunas veces vía un maestro querido. A menudo el enfoque es el camino de lo introvertido y de la persona con dominación del lado derecho del cerebro. El camino ocultista o científico utiliza la mente discriminativa y analítica y se refleja en la civilización occidental. Es la forma en que lo extrovertido y la parte izquierda del cerebro se presentan.

Los dos enfoques se están reconciliando en estas épocas por medio de la vida meditativa. Una vida meditativa contacta nuestro ser interno o alma, la cual, aunque reside en el plano mental, tiene cualidades de actitud amorosa e inclusiva como su atributo principal. El proceso de reencarnación explica cómo el alma se expresa por medio de los tres planos inferiores, por medio de la personalidad. El alma junta las cualidades positivas al final de cada vida en su camino hacia la perfección.

Exploraremos el mecanismo para realizar los viajes a través de estos planos a detalle. La anatomía física y la psicología son los medios por los que nos damos cuenta de nuestra experiencia en varios niveles del ser. Un entendimiento de esto nos permite manejar de manera más inteligente nuestra vida meditativa.

Capítulo 8

NUESTRO SUTIL MECANISMO DE MEDITACIÓN

En el pasado el énfasis en la meditación había sido con la experiencia espiritual o energética y no con el mecanismo o con el aspecto material del proceso. Uno podía dibujar un paralelo con la respiración y el proceso digestivo. Estos procesos van en automático en el cuerpo y están por debajo del umbral de la conciencia, a menos que algo vaya mal. Después experimentamos incomodidad y dolor. Es útil saber algo de anatomía y de fisiología para entender lo que puede estar ocurriendo en el cuerpo. En la ausencia de ese conocimiento la persona promedio paga una consulta para solucionar lo que está mal con su problema digestivo o respiratorio y para sugerir ciertas formas de tratamiento o terapia.

Los procesos del cuerpo han tenido millones de años para perfeccionarse y desarrollarse y no deberíamos de preocuparnos excesivamente acerca de los mecanismos del cuerpo. Las personas que se preocupan en exceso acerca de sus cuerpos tienden a convertirse en personas desequilibradas o neuróticas. Se vuelven en hipocondriacos. Sin embargo, el mecanismo sutil para nuestros procesos psíquicos han sido virtualmente poco explorados en el Occidente, por lo que muchas personas siguen creyendo que la mente es un simple resultado de la actividad mental.

Sólo en las últimas décadas algunos científicos occidentales entrenados en las disciplinas físicas, médicas y psicológicas desarrollaron nuevos modelos para la conciencia. Karl Pibram es un científico médico y su contribución con el sujeto está registrado en el libro *The Holographic Paradigm and Other Paradoxes* (*El paradigma holográfico y otras paradojas*) editado por Ken Willbur, y en *Looking Glass Universe* (*El universo que parece de cristal*) de Briggs y Peat.

Los estudios que involucran la relación de la mente y el cerebro corresponde a las personas que han tenido experiencias fuera del cuerpo (OOBEs), experiencias cercanas a la muerte (NDEs), y percepciones extra sensoriales (ESP) de muchos tipos. En el libro *Far Journey* (*Viaje lejano*) y en sus otros libros, Robert Monroe ha recontado su investigación en OOBEs. Ahora que más personas están hablando y escribiendo acerca de estas experiencias, es apropiado hablar de los mecanismos para estas experiencias.

Es importante que se realice un estudio de nuestra anatomía física y psicológica, tal como se necesitan textos y expertos que se enfoquen en nuestra anatomía y fisiología. De hecho, es más importante que estudiemos nuestra anatomía psíquica y psicológica que nuestro ser físico, ya que estamos más enfocados en nuestras emociones y mentes más que en nuestros cuerpos físicos. Tenemos que darnos cuenta que si estamos bien físicamente podemos desarrollarnos en otros reinos.

Necesitamos saber cómo controlar, modificar y dirigir los diferentes estados de la conciencia. Estamos comenzando a explorar más a fondo el estado del sueño y del dormir, el proceso de morir y los diferentes niveles de las experiencias meditativas. Las investigaciones pueden ser dirigidas hacia la fuente de energías que experimentamos, el mecanismo para su distribución, y cómo solucionar cualquier problema que tenga que ver con este mecanismo. Tenemos una gran deuda con los maestros orientales y con los intérpretes como Blavatsky, Bailey y Karagulla.

En nuestra exploración relataremos la constitución sutil de los siete niveles del ser subrayados en capítulos anteriores. Esta relación es pertinente porque el mecanismo de la psique o de los cuerpos sutiles se desarrolla inicialmente en respuesta a los impactos de energía desde varios niveles. Estos puntos de vista ponen a la humanidad como una reflexión del microcosmos de una conciencia universal mucho más grande. Es mejor comenzar con lo que conocemos en el mundo físico y después seguir adelante, o mejor dicho, hacia atrás hacia una fuente más universal de las energías.

En el cuerpo físico tenemos cinco sentidos y éstos reciben impactos sensibles del mundo exterior que son transmitidos por el sistema nervioso hacia el cerebro. Estos impactos son interpretados con percepciones particulares o impresiones por la mente inferior, denominada sentido común. La psicología y la ciencia médica han explorado estos mecanismos hasta un nivel considerable, aunque hay cierta controversia de cómo es que el cerebro interactúa o se relaciona con la memoria y con otros atributos mentales.

De acuerdo con las enseñanzas esotéricas, debajo del cuerpo físico hay un cuerpo de luz que es denominado como cuerpo etéreo. Está relacionado con nuestro sistema nervioso por medio de los campos electromagnéticos que han sido mostrados por el investigador R. Becker para llevar la información del crecimiento físico y el desarrollo. En su manifestación más baja este cuerpo de luz probablemente consiste de partículas de luz conocidas como fotones. Estas partículas son también ondas, y es este dualismo el cual relata el espectro electromagnético de lo etéreo. Se extiende a áreas mucho más físicas que la ciencia no ha podido descifrar.

El cuerpo etéreo consiste en un largo filamento que está tejido en un canal entrelazado para interrelacionar cada órgano y tejido, y se extiende unos centímetros más allá del cuerpo para formar el aura. Dentro de ese canal hay puntos focales en donde se cruzan las energías cierto número de veces para formar los chakras. Hay siete chakras principales que actúan como transformadores y transmisores para los siete estados de la conciencia correspondientes a los siete planos antes descritos. Estas energías centran el desarrollo en la respuesta hacia nuestra creciente conciencia de los siete planos. El proceso de meditación y el pensamiento reflexivo estimula gratamente el desarrollo de los chakras.

Aparte de los siete centros principales, hay 21 centros subsidiarios que se concentran en trabajar con el cuerpo físico y con la salud, y cientos de centros miniatura que tradicionalmente son llamados puntos de acupuntura. La espina dorsal y otros dos puntos menores forman lo que es llamado el prana o el triángulo de energía, y esto es responsable para que la energía circule a través del canal etéreo. Esto nos lleva a diferentes funciones de lo etéreo que son las siguientes áreas:

1. Lo etéreo recibe energía del sol y lo transporta a todas las partes del cuerpo por medio de un mecanismo llamado el triángulo pránico. Por este motivo lo etéreo a menudo es denominado el cuerpo energético, ya que es el que recibe, asimila y distribuye la energía. En otras culturas esta energía es conocida como chi (China), prana (India) y bioplasma (Rusia).

2. Lo etéreo provee el patrón de crecimiento del cuerpo físico y para la recuperación después de un trauma o una lesión. Cualquier factor puede afectar el bosquejo o plantilla de la energía y por lo tanto influenciar el crecimiento y el desarrollo.

3. Lo etéreo es el mediador entre el cerebro físico y todos los estados subjetivos relacionados con las emociones, la mente y otros niveles sutiles de la conciencia. La interferencia que puede haber en el cuerpo etéreo puede bloquear la experiencia sensorial o extrasensorial.

Las entradas principales o transformadores de la energía física o etérea se encuentran en el triángulo pránico antes descrito. Los chakras asociados con la conciencia física y etérea están basados en el centro sacro. La mejor manera de describir el mecanismo de los chakras y su relación con los siete planos de la conciencia es explorar los planos mientras se van desenvolviendo en un enfoque meditativo de la vida. Esto mantiene el mecanismo dentro de nuestra experiencia de crecimiento y nos permite ver las diferentes posibilidades de desarrollo que ocurren mientras vamos expandiendo nuestros niveles de vigilia.

Cada chakra es un transformador en el sentido eléctrico de la energía que viene de alguno de los niveles de la conciencia que la humanidad puede explotar. La energía rebaja a un nivel adecuado, que el cuerpo etéreo puede transmitir hacia el sistema nervioso y el cerebro. Si no tuviéramos esta protección psíquica nuestro sistema nervioso se volaría en pedazos literalmente por las energías contactadas en los niveles superiores. Por ejemplo, los individuos que toman drogas pueden reaccionar de manera adversa al contacto con los niveles inferiores del plano astral si destruyen la red protectora etérea que hay en el cerebro entre el nivel astral y el físico.

Se mencionó antes que los niveles más bajos del plano astral son por tradición el purgatorio y el infierno de los pensamientos religiosos. Contienen las fuerzas astrales más negativas y es el lugar a donde muchos individuos residen temporalmente después de la muerte para solucionar todos sus sentimientos negativos. Por lo tanto los criminales van a gravitar a esta área justo después de la muerte. Durante el sueño y la meditación estamos protegidos para no entrar en esta área gracias a la red etérea.

Con el estilo de vida correcto y la meditación, gradualmente desarrollamos los chakras y nos hacemos conscientes de los diferentes niveles del ser. Nuestro pensamiento reflexivo y el uso de la mente nos permite interpretar adecuadamente las experiencias obtenidas y nos protege de una sobrecarga. Por medio del servicio los chakras se desarrollan en una secuencia natural y sana y nos son forzados prematuramente como podría suceder en una escuela para el desarrollo psíquico en donde se concentran en los chakras como fines en sí.

La salud, el equilibrio y la serenidad se obtienen por medio de un flujo libre de energía a través de todos los chakras. Los desórdenes tanto físicos como psicológicos están caracterizados por los desequilibrios en la energía que fluye a través de los chakras. Puede ser que estén bloqueados, física o astralmente y por lo tanto estén con una actividad muy baja o muy alta debido a demasiada energía o muy poca. Ambos estados son indeseables. Además de nuestra meditación, los sanadores con las habilidades y el conocimiento necesarios pueden ayudarnos a regular el flujo de energía por medio de los chakras. Algo de este trabajo será descrito en el capítulo 11.

La persona promedio tiene metas para su personalidad, las cuales están basadas en la necesidad de tener comodidad y seguridad. La vida de la persona promedio gira alrededor de obtener una casa que concuerde con sus gustos, la compañía de una pareja que llene la necesidad de sexo y comodidad y en el caso de una creciente minoría, la necesidad de un trabajo que los satisfaga. Las necesidades creativas de una persona a menudo son restringidas por la necesidad de atender y criar a una familia, en la que traspasamos nuestra psicología a los hijos. Algunas veces, una catástrofe como la muerte o la separación de la pareja o de un hijo, enfermedades o la inhabilidad de obtener un empleo hacen que la persona promedio comience a buscar un significado más profundo de la vida y que comience a cuestionarse si su estilo de vida anterior era el mejor.

Habiendo hablado respecto al campo de energía general denominado cuerpo etéreo y sus diferentes funciones, ahora necesitamos hablar acerca de los detalles de los transformadores de energía o chakras que tiene el cuerpo etéreo. Como los transmisores de energía de los siete niveles en el universo son muy significativos en el proceso de meditación. De hecho pueden ser llamados órganos sutiles o psique por toda la información que aportan de los diferentes niveles de la conciencia.

Capítulo 9

LOS SIETE CHAKRAS - NUESTROS ÓRGANOS SUTILES

Los chakras o centros de energía son los órganos psíquicos en nuestra personalidad del cuerpo, emociones y mente, y sirven para recibir los impactos de los diferentes niveles de la conciencia. Los chakras se manifiestan en el cuerpo etéreo, pero son centros de energía en el nivel astral y en los niveles inferiores del mental. Como órganos psíquicos los chakras procesan y transmiten energía del plano en el que nuestra conciencia se esté enfocando en ese momento. La energía se pasa por medio del chakra concerniente a todo el campo de energía que comprende también al aura.

La posición de los chakras está a unos centímetros detrás de la espina dorsal con una conexión energética que va del chakra hasta la espina y los órganos asociados. El centro ajna está situado entre y un poco arriba de los ojos, y el centro corona está por encima de la cabeza. El orden del desarrollo de los chakras se organiza en tres líneas de enfoque involucrando la inteligencia, el aspecto mental y creativo (centro del sacro y de la garganta), el aspecto de los sentimientos y el amor (plexo solar y corazón) y finalmente la voluntad (base y corona). El ajna va más allá de la línea creativa y mental, pero también está relacionada con el chakra corona, se localiza en la cabeza.

En las siguientes descripciones vemos a la salud y la enfermedad como un estado de la energía en la que está en equilibrio o desequilibrada. Sin embargo no estamos excluyendo otros factores que contribuyen como son las bacterias, los virus, un trauma y el medio ambiente. La muerte tiene un factor externo y uno interno; en este libro estamos resaltando el factor energético.

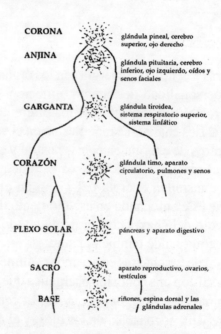

CORONA — glándula pineal, cerebro superior, ojo derecho

ANJINA — glándula pituitaria, cerebro inferior, ojo izquierdo, oídos y senos faciales

GARGANTA — glándula tiroidea, sistema respiratorio superior, sistema linfático

CORAZÓN — glándula timo, aparato circulatorio, pulmones y senos

PLEXO SOLAR — páncreas y aparato digestivo

SACRO — aparato reproductivo, ovarios, testículos

BASE — riñones, espina dorsal y las glándulas adrenales

CENTROS DE ENERGÍA

Comenzamos nuestras observaciones de los mecanismos de los chakras con el chakra sacro, el cual es el transformador que está relacionado con el apetito por la comida, la comodidad y el sexo. La persona promedio no tiene un entendimiento consciente de este centro de energía, pero muchas personas sufren de dolor en la espalda baja en algún momento de su vida. En la mayoría de los casos el dolor indica un problema con el centro sacro y es un signo interesante de su alteración. Otros signos de problemas que se han expandido con órganos asociados y tejidos se enlistan a continuación.

Chakra sacro

Localización

Base de la espina lumbar.

Órganos asociados, tejidos y glándula endocrina

Las gónadas (los ovarios en las mujeres y los testículos en los hombres). Los ovarios producen las hormonas estrógeno y progesterona, y los testículos produces la testosterona. El centro sacro condiciona el sistema reproductivo: los tejidos asociados son los ovarios, el útero y las trompas de Falopio en la mujer, y los testículos, la próstata y los tejidos que los rodean en el hombre.

Los desórdenes físicos o el desequilibrio en el centro involucran cualquier parte del tracto reproductivo o las hormonas mencionadas. Los quistes ováricos, las trompas de Falopio bloqueadas, fibrosis quística, desórdenes menstruales, amenorrea, esterilidad en ambos sexos, inflamación de la próstata, cáncer en los órganos reproductivos y problemas sexuales físicos o psicológicos son algunos de los ejemplos de los desórdenes más comunes. La infección común en donde aparecen pústulas o ampollas o infección de monilia y los problemas genitales como el herpes y las verrugas están directamente relacionados con el desequilibrio de este centro.

Nivel de conciencia

El centro sacro se relaciona con los cuatro subplanos del plano físico conocidos como los etéreos y éstos están más allá de los tres subplanos de los sólidos, líquidos y gases físicos. Este centro se enfoca en la parte sutil del físico que provee un patrón para el crecimiento físico. Tiene una conexión muy cercana con la reproducción o con la producción de una forma viva, ya sea el nacimiento de un ser o la creación de una idea o un plan.

En el ciclo de la vida el centro está asociado con los siete primeros años. Durante este periodo el vehículo etéreo es establecido como el criterio principal para la salud futura o la enfermedad en el sentido físico. En esta época es cuando las enfermedades hereditarias entran en juego y pueden condicionar la salud a futuro.

El centro sacro relaciona nuestros apetitos por el sexo, la comida y la comodidad, y algunas veces se le clasifica como un centro relacionado con el principio del placer. En el reino animal la vida se centra alrededor de esas necesidades. Para los seres humanos el centro involucra las relaciones y se hace énfasis en las comodidades físicas y los apetitos; por lo tanto tiene una influencia para sociabilizar en las relaciones humanas, en las que se involucra la comida, la bebida y el sexo. Hay que tomar en cuenta cómo el dinero está relacionado con la comida, las comodidades, las posesiones y desafortunadamente con el sexo.

El dinero se puede percibir como una energía cristalizada o prana y está directamente relacionado con el centro sacro. Una buena pista para encontrar la actividad de este centro dentro del individuo puede ser indicada por nuestra habilidad para atraer, manipular y utilizar el dinero, o en el caso de trueque, lo bienes que el dinero puede comprar. La baja actividad del centro sacro puede resultar en una impotencia sexual o esterilidad e indica una inhabilidad para ganar y utilizar el dinero.

Una actividad excesiva de este centro puede resultar en una actividad sexual excesiva, un énfasis excesivo en los valores materiales y en general un despilfarro del dinero. En nuestro crecimiento espiritual y psicológico gradualmente aprendemos a controlar y dirigir de manera creativa las energías etéreas o físicas dentro de nosotros y del medio ambiente. Esto significa el uso correcto de las energías sexuales, una vida balanceada, respeto hacia la comida, el sueño, la relajación y el juego y el uso sabio del dinero para el bien común.

Es el enfoque meditativo de la vida el que regula el ritmo de nuestra vida y de nuestro estilo de vida. El balance de la nutrición, el sueño y el trabajo, la relajación y el juego lo que nos permite convertirnos en personas inmunes a cualquier desorden físico que pueda afectar a esos tejidos y órganos asociados con el centro sacro. La meditación nos permite eliminar los patrones de vida destructivos en cuanto a la comida, el sexo o en general.

EL USO POSITIVO Y NEGATIVO DEL CENTRO SACRO
Puede haber mucho énfasis en los apetitos hacia la comida,
el sexo y las comodidades. Los aspectos positivos incluyen
una buena nutrición y un buen uso del dinero y la energía.

El proceso meditativo también ayuda a canalizar las energías sacras de forma pareja a través de todo el cuerpo etéreo. Con un enfoque mental por medio de la meditación las energías sacras son llevadas hacia arriba, en vez de ser oprimidas. La contraparte superior del centro sacro es el centro de la garganta; cuando las energías activas del centro sacro son llevadas hacia arriba y reguladas por el centro de la garganta sirven para proveer medios físicos para expresar nuestra creatividad mental y para aterrizar nuestras ideas y nuestros planes.

Es muy importante entender el mecanismo de distribución de energía para que podamos llevar a cabo los procedimientos de la meditación en los que nos concentramos en los tres centros inferiores. La concentración puede causar un exceso de energía que fluya hacia el centro sacro o el centro base y como resultado algunos meditadores han desarrollado una energía sexual excesiva. Se han resaltado estos problemas en algunas sectas religiosas y el flujo excesivo de energía hacia los centros puede ocasionar una actividad sexual excesiva en estos cultos. La explicación de que una actividad sexual excesiva es parte de una vida llena de felicidad, se debe al auge del kundalini, lo cual es una inversión total de la verdad. La naturaleza del kundalini se discute en la sección que habla acerca del centro base.

Implicaciones globales

La energía sacra inhibida que encontramos en la época victoriana ha llegado hasta el otro extremo, la promiscuidad es parcialmente responsable del aumento en las enfermedades transmitidas sexualmente, algunas de las cuales han alcanzado proporciones epidémicas en los últimos años. Está reapareciendo un equilibrio: la monogamia se escoge libremente porque se tiene un mayor crecimiento y se disfruta más una relación de dos. Esto se puede apreciar como una corrección en el uso del centro sacro en vez de una supresión.

Un desequilibrio de la salud en el planeta y de los recursos del mismo también es indicado por este centro. Hay grandes áreas de privaciones, gente que se muere de hambre y muy pocas personas con riquezas excesivas. Cuando la mayoría de los seres humanos logren controlar su centro sacro entonces la riqueza estará repartida equitativamente. El mundo estará libre de todas las enfermedades venéreas y de sus predisposiciones heredadas. Esto será acompañado por un gran flujo de vitalidad y de fuerza de vida, o energía etérea, y va a llegar a los reinos animal, vegetal y humano.

¿Qué pasará cuando dejemos de estar satisfechos con los placeres del centro sacro, o cuando nos enfrentemos a una catástrofe que nos proporcionen los excesos de este centro? Vamos a comenzar a usar la mente de manera más activa para buscar el verdadero significado de la vida. Vamos a tomar en cuenta lo que los demás digan sobre su experiencia, vamos a leer libros, a explorar otras áreas de la vida más allá de nuestras necesidades inmediatas. Las grandes cantidades de información que se manejan hoy en día son los signos de que el proceso mental se está acelerando.

Estamos mucho más expuestos a los procesos educativos de la mente por medio de un cambio en el nivel de la educación en la comunidad y a través de los medios electrónicos y televisivos, las computadoras y el Internet. El centro de la garganta se desarrolla en respuesta a estos impactos y es el transmisor principal del plano mental. El centro de la garganta y el centro sacro forman un par creativo, y para estar sanos tenemos que tener un equilibrio entre estos dos. Nuestra conciencia crece desde la actividad creativa egoísta y aislada que proviene del centro sacro y evoluciona hacia una creatividad mental mayor, y este entendimiento proviene del centro de la garganta.

Chakra de la garganta

Localización

Entre la séptima vértebra cervical y la primera vértebra dorsal.

Órganos asociados, tejidos y glándula endocrina

La glándula tiroides (endocrina) está asociada con el chakra de la garganta; la principal hormona producida por ésta es la tiroxina, la cual regula muchas de las actividades metabólicas del cuerpo. La boca, la garganta, la faringe, la laringe, la traquea, los bronquios, los pulmones superiores, el sistema linfático, los hombros, los brazos y las manos están condicionados por el ritmo del chakra de la garganta.

Desórdenes por el desequilibrio en el chakra de la garganta

La estimulación excesiva del centro y de la glándula acelera el metabolismo y puede, en casos extremos, provocar bocio tóxico con palpitaciones, presión arterial alta, pérdida de peso y nerviosismo general. Esto puede ocurrir cuando no hay salidas creativas para las energías mentales. Estas energías pueden reaccionar al revés en los órganos físicos en vez de fluir hacia el ambiente.

La baja actividad de la glándula se relaciona con un metabolismo lento, el aumento de peso, el pelo y piel secos y la lentitud tanto de la mente como del cuerpo. Parece ser que la mente está inactiva en el aspecto creativo. Hay una falta de energía en todo el sistema, a diferencia de la actividad excesiva en donde fluye una energía abundante proveniente de los chakras inferiores. Muchas mujeres postmenopáusicas entran en la categoría de perezosas porque no desarrollaron ninguna actividad creativa antes de la menopausia y con los cambios físicos que ocurren entran en un proceso de disminución del ritmo de la vida.

El asma, la bronquitis, las infecciones de la garganta, la laringitis, entre otras, son unas de los desórdenes físicos causados parcialmente por el desequilibrio del chakra, y también condiciona el drenaje linfático alrededor del pecho y de la garganta.

Nivel de conciencia

El chakra de la garganta es el transformador de las energías que fluyen del plano mental y se desarrollan mientras que el individuo se convierte en una persona creativa y con un desarrollo mental adecuado. Éste contrasta con la creatividad física del chakra sacro. En la persona joven que se está desarrollando el estado del chakra de la garganta está correlacionado con las edades entre cuatro y ocho años, durante este tiempo se lleva a cabo la mayor parte del estudio.

Conforme la mente va obteniendo la habilidad para manejar el centro de la garganta, éste se convierte en un órgano de planeación y de diseño, ya sea en la música, la literatura, el paisajismo o la vida creativa. La conciencia sacra provee la energía etérea que incluye las finanzas y la habilidad de atraer los medios físicos para expresar el plan. Los idealistas no tienen un equilibrio entre el centro sacro y el de la garganta. A menudo este desequilibrio ocurre al principio de nuestro viaje espiritual, cuando el centro de la garganta se activa por primera vez y el sacro es temporalmente ignorado o suprimido.

La transmutación de las energías del centro sacro al de la garganta se da en el primer estado del viaje espiritual que todos realizamos. Esto corresponde al control de los apetitos físicos, incluyendo un enfoque balanceado respecto a la relaciones sexuales y la habilidad de convertirse en un creador mental en lugar de un ser egoísta.

EL CENTRO DE LA GARGANTA ES NUESTRO ÓRGANO PSÍQUICO CREATIVO

Este centro está asociado con la creatividad mental, el diseño y la planeación. Algunos ejemplos son la escritura, la pintura, el paisajismo o cualquier aspecto de la vida creativa.

El proceso de la transmutación de las energías del sacro a la garganta es llamado algunas veces la iniciación, lo cual significa que el individuo tiene control de energías del nivel etéreo o físico. Demostramos esta habilidad controlando nuestros apetitos sexuales, por la comida y el dinero. Durante esta etapa muchas personas exploran varias disciplinas, incluyendo el hacer dieta, el ejercicio y el celibato, hasta que se dan cuenta de que la pureza real viene del control astral y la pureza magnética corresponde a un control emocional y no físico.

Mientras desarrollamos una creatividad mental, la creciente actividad del chakra de la garganta lleva energía a arriba del centro sacro para poder proveer energía para nuestra planeación de las metas creativas. Nuestros apetitos por la comida, el sexo y las comodidades son regulados pero no suprimidos. Aprendemos a utilizar el dinero sabiamente para el bien común, y esto simboliza nuestra habilidad para distribuir las energías etéreas de una forma curativa.

Expresión global del centro planetario de la garganta

Desde la última guerra mundial hemos visto un aumento logarítmico en los sistemas de conocimientos y comunicación. Esto va con el desarrollo de este centro a nivel global. Ha habido un gran énfasis en el desarrollo individual del potencial creativo, en la educación para las masas y en la educación continua. En un sentido global podemos correlacionar a la humanidad con el centro planetario de la garganta, porque la humanidad es el jefe de la actividad creativa de este planeta.

El desarrollo de la radio, la televisión, las computadoras y los sistemas satelitales son algunos ejemplos de la conciencia sacra y de la garganta y de las energías que los condicionan. Estos desarrollos tecnológicos han sido responsables de expandir la educación y el conocimiento a todas partes del mundo. Si no desarrollamos nuestro corazón estamos en peligro de aplicar estas tecnologías para un mal uso. Por lo tanto, el siguiente par de chakras de los que se hablará será el chakra plexo solar y el corazón que están asociados con los sentimientos y con el amor.

La respuesta de los hombres primitivos hacia el impacto físico generaba en sentimiento natural y un gran rango de emociones que son parte intrínseca de nuestra vida cotidiana en esta época. En el reino animal vemos que los sentimientos de miedo, ira y devoción se han desarrollado. En la humanidad las emociones más sutiles como la tristeza, el dolor, el resentimiento, los celos y la felicidad tienen mayor desarrollo en el órgano de su recepción, conocido como el centro del plexo solar o chakra.

Conforme se generan los sentimientos y las emociones en la sustancia del plano astral, el plexo solar es nuestro portal personal hacia el plano. Es el chakra más activo dentro de la humanidad porque estamos muy enfocados en nuestros deseos y está relacionado con esa parte del sistema nervioso, el cual gobierna todos los procesos del cuerpo humano sin control por parte de la voluntad. Este proceso incluye el latido del corazón, la digestión, las funciones hormonales y los procesos respiratorios. Éste es el motivo por el que muchos desórdenes físicos relacionados directamente con los desequilibrios del plexo solar, y por lo tanto su causa está en la vida emocional.

El plexo solar

Localización

En el nivel de la doceava vértebra toráxico y lumbar.

Órganos asociados y glándula endocrina

Todos los órganos digestivos están condicionados por este centro e incluye al estómago, el páncreas, hígado, bazo, vesícula biliar y el intestino delgado y grueso. La influencia endocrina viene del páncreas, el cual produce la hormona de la insulina y esto mantiene los niveles de azúcar en la sangre en el cuerpo.

Los desórdenes físicos involucran cualquier problema digestivo. Esto incluye úlceras en el estómago y en los intestinos, piedras en la vesícula biliar, diarrea, constipación, pancreatitis y diabetes. En general, si la energía fluye a través del centro, éste está balanceado, los órganos digestivos se verán afectados y la comida no será digerida o asimilada correctamente. Los productos no digeridos actúan como irritantes en el cuerpo y causan todo tipo de alergias. A menudo, el plexo solar tiene una acción extraña que comúnmente es diagnosticada como un espasmo de los intestinos con síntomas de constipación y diarrea. Muchos problemas nerviosos pueden ser rastreados hacia el plexo solar y la mayoría de los ataques de nervios son en realidad una disipación total de las energías fluyendo a través del plexo solar. La causa puede encontrarse en las alteraciones de la vida emocional.

Nivel de conciencia

El centro del plexo solar se relaciona con el plano astral y se desarrolla originalmente en el hombre primitivo como una respuesta hacia los impactos del plano astral. El plano astral es el nivel en el cual la mayoría de los individuos se enfocan. Por lo tanto este centro de energía es el más activo en la persona promedio. En los niños, el desarrollo de lo astral o emocional ocurre entre la edad de siete y catorce años.

El plexo solar junta todas las energías de los centros mayor y menor del diafragma. La estimulación excesiva de este centro es la razón por la que muchas personas puedan tener problemas con el tracto digestivo. Es el centro el que expresa todos los sentimientos y deseos desde los más crudos hasta los más sutiles. En la persona promedio está relacionado con el centro sacro y los deseos que circulan alrededor del los apetitos. Los deseos más sutiles son deseos de reconocimiento, prestigio, y enseñanza espiritual, o experiencia. Estos deseos son comunes en las personas con mentes desarrolladas.

Es muy útil entender el papel que juega el plexo solar en el proceso de meditación, el plexo solar es la entrada del plano astral. Esto se debe a que nuestra personalidad se rebela naturalmente en contra del proceso de meditación cuando se enfoca en la naturaleza astral. El aspecto del instinto de la naturaleza astral es el movimiento, la sensación, la estimulación y el color. Los esfuerzos iniciales de la personalidad para mediar los sentimientos inhiben y terminan con la conciencia astral. Más acerca de esto en el siguiente capítulo.

Todos las alteraciones emocionales, conflictos, supresiones y neurosis están conectadas con los desequilibrios en el plexo solar. El desarrollo del plexo solar y de la actividad astral ocurre entre la edad de siete y catorce años. Es durante estos años cuando el alma aprende a expresarse de forma adecuada por medio del vehículo astral. Durante la adolescencia el alma se apropia de la naturaleza astral como parte de su personalidad. Muchas personas se quedan atascadas en esta etapa y necesitan terapia más adelante en sus vidas para resolver las fijaciones emocionales.

El plexo solar y el corazón expresan el segundo aspecto de la deidad que es el amor o la sabiduría y que fluye más fácilmente por medio de los planos número dos (monódico), cuatro (búdico) y seis (astral) junto con la línea mística de la cual se habló en el capítulo seis. Mientras el enfoque meditativo de la vida desarrolla las energías debajo del diafragma se juntan en el plexo solar y se transfieren sobre el diafragma hacia el corazón. Durante el periodo interino pueden oscilar entre el corazón y el plexo solar, causando muchos problemas nerviosos y digestivos.

Implicaciones globales

Durante las últimas décadas ha habido una creciente conciencia de la necesidad de desbloquear y liberar las emociones.

Un ejemplo de la actividad del plexo solar ha sido el énfasis de la sociedad en el sensacionalismo mostrado a través de los medios en el mundo. El surgimiento de la música rock y de toda la histeria asociada entre los jóvenes es un buen ejemplo del astralismo o excesiva actividad astral que es algo global hoy en día. Toda la histeria colectiva es indicativo del énfasis en el plexo énfasis ya sea un juego de futbol, carreras políticas o conciertos de rock. La popularidad de estos eventos indicaba la polarización astral de la humanidad en el momento.

Ha habido un gran énfasis entre los individuos y grupos más desarrollados para liberar y trabajar con las emociones suprimidas. La integración de la personalidad eventualmente nos permite controlar las emociones y dirigirlas hacia canales creativos por la mente. La meditación nos ayuda mucho primero para darnos cuenta de nuestros bloqueos emocionales y después para liberar estas energías cristalizadas para uso creativo. Cuando se lleva a cabo una meditación de forma regular el proceso de reunión que realiza el plexo solar se ve mejorado en tal forma que las energías fluyen libremente hasta el corazón y la cabeza. Al mismo tiempo las funciones automáticas del sistema nervioso, como son la digestión, el ritmo cardiaco y el ritmo de la respiración se estabilizan y mejoran. La meditación tiene un efecto estabilizador para el sistema nervioso.

La combinación del desarrollo mental y los sentimientos agudos y simpatías que se desarrollan con la sensibilidad acrecentada hacia los impactos astrales invoca una respuesta de esa parte superior del ser llamada alma. En la humanidad hay una minoría de seres responsables que está aumentando con el paso del tiempo, están en el gobierno, en los círculos educativos, en las iglesias, en la ciencia y en otras esferas de la vida. La responsabilidad es el primer signo que nos da el contacto con el alma y nos da una aspiración para servir a la humanidad de alguna manera. Esto coincide con el desarrollo del centro del corazón que comienza a responder a los impactos de las energías espirituales a un nivel búdico.

Chakra del corazón

Localización

Entre la vértebra torácica número cuatro y la cinco.

Órganos, tejidos y glándula endocrina

El corazón y el aparato circulatorio, incluyendo las arterias, venas, capilares, pulmones y senos. El timo es la influencia endocrina y es parte del sistema inmunológico, especialmente dedicado a la producción de glóbulos blancos o linfocitos. Estas células juegan un papel crucial al protegernos de los retos a los que se enfrenta el sistema inmunológico. El cáncer e infecciones graves son algunos de estos retos.

Desórdenes del centro del corazón

Los problemas del corazón, incluyendo la oclusión coronaria, los problemas de las válvulas, falla cardiaca, problemas circulatorios, presión arterial baja o alta, y las enfermedades de los pulmones, incluyendo el cáncer. Los problemas en cuanto a inmunidad son el SIDA, el cáncer, esclerodermia, lupus y artritis reumatoide. Hay otras causas que contribuyen a estos desórdenes.

Nivel de conciencia

La conciencia del corazón se relaciona con el plano búdico del amor o de la sabiduría. En el proceso de meditación este plano es la primera región espiritual en ser contactada en cualquier vida en la que primero tengamos un acercamiento místico hacia nuestro centro espiritual.

La conciencia del centro del corazón corresponde a la cualidad universal y sin condición del amor del plano búdico. Esta conciencia es el transmisor de energía hacia la vida personal y contrasta con el amor más egoísta o la simpatía transmitida desde el plano astral por medio del centro del plexo solar. La empatía es una palabra que describe la energía del corazón, ya que identifica, entiende y se identifica con el objeto al que concierne. Esto nos da la habilidad de identificarnos y de entrar al corazón o esencia de todos los seres en los reinos debajo o arriba de la humanidad. El corazón es el órgano psíquico que se funde, se mezcla y se hace un todo, y está íntimamente asociado con el proceso curativo, permitiéndonos entender las verdaderas causas de las enfermedades.

La radiación del corazón aumenta el aura de la persona que medita y le provee inmunidad en contra de las energías negativas de las demás personas con las que convive. En el aspecto psicoespiritual el corazón ofrece inmunidad, esto se correlaciona con que los meditadores tengan una inmunidad física hacia desórdenes serios, gracias a los linfocitos. La práctica de la meditación es un camino muy práctico para mejorar tanto nuestra inmunidad física como nuestra inmunidad psíquica. Probablemente este mecanismo sea el responsable de que muchos pacientes tratados por cáncer o SIDA entren en remisión, después de haber comenzado a meditar.

El corazón es el órgano de la conciencia grupal y por lo tanto corresponde con el alma. Mientras el individuo desarrolla esta conciencia, se vuelven el centro del grupo, con una influencia primero pequeña y después global. Esta capacidad de servicio expresa la habilidad del mediador para responder a las necesidades del grupo o para desarrollar una habilidad de respuesta. Hay muchas personas con influencia mundial que no necesariamente están respondiendo a una necesidad real sino a sus propias metas y deseos de su personalidad. Esas personas pueden seguir teniendo un aura muy brillante y una personalidad integrada, pero tienen motivos egoístas que no siempre la persona promedio puede captar. Esto refuerza la importancia de desarrollar la mente discriminativa.

En el desarrollo individual del centro del corazón a través del servicio atrae energías del plexo solar, dando control de los sentimientos naturales o astrales. Técnicamente, este proceso es denominado la segunda iniciación y libera al individuo de muchos problemas de salud en áreas debajo del diafragma. La libertad del control astral permite a la mente convertirse en el director de la vida. El aura radiante del individuo, generada por la actividad del corazón, atrae a otros lo que permite que uno se convierta en el centro del grupo.

EL CENTRO DEL CORAZÓN EXPRESA AMOR, SABIDURÍA Y EMPATÍA

La conciencia del corazón transmuta nuestras energías del plexo solar en amor universal. Esto nos da un aura radiante y magnética y nos proporciona inmunidad psíquica y física. Al mismo tiempo manifestamos empatía hacia todos los seres.

Expresión global de la conciencia del corazón

La conciencia del corazón está relacionada particularmente con el servicio, por ejemplo, las necesidades ambientales. Hasta antes de la Segunda Guerra Mundial sólo los grupos de servicio bien conocidos eran la Cruz Roja y el Ejército de Salvación. Hoy en día hay miles de grupos de servicio alrededor del mundo, lo que posiblemente indica el gran aumento de la actividad del corazón en la humanidad. Las acciones de muchos de estos grupos están basadas en motivos mezclados y por lo tanto son la unión del corazón con el plexo solar; sin embargo, están transmitiendo amor en diferentes grados. Algunos ejemplos de grupos de servicio son todos aquellos dedicados a solucionar los problemas de la contaminación, a replantar árboles, a salvar animales, proveer comida y educación en países del tercer mundo y a sanar individuos, grupos y al medio ambiente.

El aumento de los meditadores regulares alrededor del mundo puede estar relacionado con el aumento de la actividad del corazón desde la última guerra mundial. El interés en la meditación se comenzó a desarrollar en los años 60, lo cual quiere decir que la humanidad se está encaminando hacia el lado espiritual. Siempre ha habido individuos o pequeños grupos dentro de la humanidad que tratan de seguir el camino espiritual, pero desde la última guerra hemos visto grandes movimientos de masas que se inclinan por los valores espirituales.

El aspecto negativo de este movimiento ha sido el surgimiento de la cultura de las drogas y la vida sin rumbo de algunos jóvenes. La capacidad para servir de la humanidad es muy notable particularmente en los individuos que nacieron después de la Segunda Guerra Mundial. Probablemente muchos de estos individuos perdieron sus vidas en el holocausto y regresaron para restablecer la paz en la Tierra. Han influenciado a muchas personas mayores para que se cuestionen respecto los valores materiales y busquen el significado de la vida.

Hay muy poco que decir respecto a los tres chakras restantes. El par final de la base y de la corona sólo se desarrollan en las últimas etapas de nuestro desarrollo espiritual e involucran la expresión de la voluntad espiritual. Antes de ver este par, debemos enfocarnos primero en otro centro, el chakra ajna, el último en florecer en nuestra vida de la personalidad.

El chakra ajna expresa tanto las energías de la garganta como las del corazón. Como la cúspide del desarrollo de la personalidad el enfoque a través del centro ajna puede ser egoísta, o este centro puede ser utilizado como un órgano de distribución espiritual. Este desarrollo por lo general ocurre con el desenvolvimiento de los centros base y corona.

Chakra ajna

Localización

Debajo del puente de la nariz y entre los ojos en forma de alas.

Tejidos asociados y glándula endocrina

El cerebro inferior, el ojo izquierdo, los senos nasales, el sistema nervioso y la glándula pituitaria. Esta glándula tiene una parte anterior y una posterior y produce hormonas que regulan otras glándulas endocrinas.

Desórdenes relacionados con el desequilibrio del ajna

Congestión nasal, sinusitis, dolores de cabeza provocados por la congestión nasal, tensión nerviosa y migrañas. Otros desórdenes incluyen desequilibrios endocrinos, especialmente los ocasionados por la sobre estimulación de la pituitaria que está condicionada por el rápido desarrollo del centro ajna en la humanidad avanzada. Los problemas de los ojos son características de los desequilibrios del ajna; por ejemplo, desórdenes en los tejidos oculares que pueden provocar ceguera a corta o larga distancia. Estos desórdenes de acomodo a menudo son el resultado de que las personas tengan una dificultad inicial para manejar las energías que fluyen a través de su centro corona y de su centro ajna conforme su personalidad se coordina rápidamente hacia un estado unificado.

Nivel de conciencia

El centro del ajna es mucho más difícil de representar que los demás, ya que tiene el papel de sintetizar la vida de la personalidad. El centro se relaciona con el centro corona y se convierte en el distribuidor de las energías espirituales. Debe ser visto como el órgano psíquico que expresa la mente abstracta o superior. El ajna representa a la forma más elevada de inteligencia creativa en el individuo y por lo tanto está en la misma línea que el centro sacro y el de la garganta. Ayuda en la recepción de la idea que yace detrás del plan o bosquejo que está organizado por el centro de la garganta. Como una expresión de las ideas abstractas también puede ser denominado órgano psíquico de la imaginación.

El centro del ajna se relaciona con la garganta en su aspecto creativo, el plexo solar en su capacidad imaginativa, el centro del corazón en su facultad inclusiva y finalmente el centro corona en su potencial para convertirse en el órgano de distribución de las energías espirituales.

Implicaciones globales

Las personalidades integradas y coordinadas pueden encontrarse en cada esfera de la vida actual. Esto incluye a las personas muy ambiciosas y exitosas que a los medios les gusta presentar. Son ejemplos de lo que se puede lograr gracias a una integración del cuerpo, las emociones y la mente como resultado de tener una intención o meta particular en la vida. Inicialmente, esto se hace por un propósito egoísta, por lo menos en parte.

El nivel de ambición lograda a menudo puede ser seguido por una profunda sensación de vacío y de no tener sentido, por lo que los logros se vuelven huecos. En muchos casos estas coincidencias con las crisis personales y con el desarrollo del centro del corazón se dan mientras la persona adopta un punto de vista acerca de la vida mucho más inclusivo. Entonces la persona se embarca en un viaje para encontrar el significado de la vida, el cual involucra todos los centros que están arriba del diafragma, es decir, corazón, garganta y cabeza. Necesitamos recordar que ningún chakra desarrolla un aislamiento de los demás y que se superponen en todos estos estados, la naturaleza de la cual depende en la constitución física de la persona en cuestión. Sin embargo, los centros base y corona son generalmente el último par en desarrollarse por completo.

La voluntad espiritual del plano átmico, que es invocado en este último desarrollo de la unión entre la base y la corona, nos permite transmitir energías dinámicamente en el medio ambiente. Cuando se tiene la capacidad de manifestar por completo nuestras visiones y nuestras actividades de servicio.

Centro base

Localización

Detrás del cóccix o "cola" de la columna vertebral.

Órganos asociados, tejidos y glándula endocrina

La espina dorsal, los riñones, los uréteres, la vesícula biliar, los genitales externos y las glándulas adrenales o suprarrenales. Estas glándulas endocrinas se dividen en dos partes. La parte interna, o médula, produce adrenalina y noradrenalina, y la parte externa o corteza, produce hidrocorticoides (fluido de balance), glucocorticoides (azúcar del metabolismo), estrógeno y andrógeno (hormonas sexuales). Las glándulas adrenales producen secreción para ayudarnos a lidiar con el estrés externo e interno. Este hecho nos lleva a la función principal de la conciencia asociada con el centro base, la voluntad para sobrevivir (ver más adelante).

Desórdenes relacionados con el desequilibrio

Esto involucra a la espina dorsal, los riñones, los uréteres, la vesícula biliar y las glándulas adrenales. Incluyen la nefritis, las piedras en los riñones, cistitis, cáncer, actividad excesiva o muy baja de las glándulas adrenales. La presión arterial baja es el resultado de un flujo de energía insuficiente a través de nuestro centro base. Algunas veces se debe a una enfermedad llamada mal de Addison. En términos de la conciencia, la falta de flujo de energía a través de este centro puede resultar en la falta de voluntad para vivir de esa persona. La actividad excesiva significa que hay mucha energía fluyendo a través del centro y esto puede dar ciertos tipos de presión arterial alta.

El centro base representa el proceso físico de encarnación en donde se conecta con la tierra y es descrito como la voluntad de ser o existir. Esto encaja con los descubrimientos de la ciencia médica, cuando la vida se ve amenazada las glándulas adrenales o suprarrenales producen adrenalina, la cual nos prepara para luchar o para escaparnos. En casos severos de reacción alérgica y asma, a menudo se administra cortisona porque el cuerpo no parece ser capaz de producir la necesaria.

Nivel de conciencia

La conciencia asociada con el centro se relaciona con la voluntad de ser o de sobrevivir. Más tarde esta conciencia se vuelve el transmisor de la voluntad espiritual y se manifiesta más allá de la supervivencia personal y nos da la habilidad de salvar a otros. El centro base forma pares con el chakra corona que está sobre la cabeza. Aloja el kundalini o serpiente de fuego que debe ser despertada únicamente cuando todos los chakras estén completamente desarrollados. El kundalini puede ser considerado como el fuego de la materia que eventualmente fluye hacia la espina y a través de todos los chakras cuando nuestra conciencia ha sido suficientemente desarrollada y purificada por los chakras para convertirse en un todo completamente activo.

La contraparte etérea de la espina consiste en tres canales que en el Oriente son denominados ida, pingala y sushumna. Conforma los tres pares de chakras, se desarrollan estos canales espinales, se liberan de cualquier bloqueo etéreo y el fuego básico es capaz de pasar libremente hacia el chakra corona. El kundalini no surge hasta el canal central, se convierte en un canal activo y esto responde a la expresión de la voluntad espiritual del plano átmico.

Hasta que el individuo esté listo para su desarrollo final, hay unos discos protectores entre cada chakra y éstos son una combinación de materia gaseosa y etérea. Los discos desaparecen gradualmente por medio de las formas correctas de meditación y servicio, dejando los canales de la espina libres de bloqueos. Dentro de la cabeza este material protector forma dos cruces que dividen el cráneo en varias áreas.

Aspectos globales

En el caso del chakra base lo podemos reflejar en la hiperactividad y estrés de la humanidad del siglo XXI y en el aumento global de la violencia y el terrorismo. No es una coincidencia que el color rojo simbolice este centro. El rojo es la energía que se necesita para sostener la vida, y el rojo del derramamiento de sangre cuando el chakra base manifiesta agresión. Tiene que pasar cierto tiempo antes de que veamos la invocación de la voluntad espiritual como un fenómeno dentro de la humanidad. La voluntad es el atributo espiritual más poderoso e incluso si en un grupo pequeño se expresa esta energía del plano átmico puede tener un efecto en el planeta. Llegamos al chakra final que expresa este atributo humano supremo que es la voluntad espiritual.

Chakra corona

Localización

Justo arriba de la cabeza.

Tejidos asociados y glándula

El cerebro superior, el ojo derecho y la glándula pineal. Esta glándula produce la hormona melatonina durante las horas de oscuridad. Esta hormona está relacionada con el ritmo cardiaco y por lo tanto es un mecanismo de tiempo para las glándulas en el cuerpo. La recepción de luz física vía el nervio óptico hacia el cerebro es un factor crítico en el balance de la secreción pineal. El exceso de luz suprime la secreción y altera el reloj biológico del cuerpo. Esto ocurre en los viajes largos. Puede haber otras hormonas involucradas en este mecanismo que todavía no se han descubierto.

Desórdenes como resultado de un desequilibrio

Un desequilibrio en la energía puede ocurrir debido a los malos hábitos en el estilo de vida, la falta de sueño y de descanso durante las horas nocturnas. La consecuente falta de melatonina puede causar u desequilibrio en las otras glándulas, incluyendo una actividad excesiva en las gónadas, mientras la melatonina actúa como un freno natural. La melatonina parece estar relacionada con un tipo particular de depresión psicológica que resulta de la falta de luz durante el invierno. La glándula pineal se vuelve parcialmente calcificada en muchas personas después de la pubertad y tal vez la depresión es una proporción de esta calcificación. La meditación puede retardar el proceso de calcificación de la glándula pineal.

Nivel de conciencia

La cualidad de la conciencia fluyendo a través del centro corona es la cualidad de la voluntad espiritual que fluye desde el plano átmico y que nos permite comprender la voluntad y el propósito divinos. El chakra corona es el órgano para la síntesis final de las energías sutiles en el cuerpo. Es el órgano psíquico para la recepción de la energía o luz espiritual de los planos superiores, mientras la glándula pineal funciona a través de la recepción regular de la luz física.

La actividad de síntesis del chakra corona, junto con su habilidad de crecimiento para recibir la luz de los planos superiores, junta la energía de todos los centros. El centro corona se relaciona gradualmente en su totalidad con el otro centro de la cabeza y el centro ajna. Gradualmente, un campo magnético se crea entre el centro ajna, representando la personalidad completamente desarrollada y el alma como mediador del centro corona. Este campo magnético aparece como el tradicional halo visto o sentido alrededor de la cabeza de los individuos espiritualmente desarrollados.

La relación establecida entre los chakras base y corona a menudo se clasifica como la tercera iniciación. Este nivel de desarrollo corresponde con la expresión de la voluntad espiritual que se demuestra en la vida de la personalidad con el control total de la mente. La mente es la correspondencia de la personalidad de la voluntad. Este nivel de desarrollo también corresponde a la infusión completa de la vida de la personalidad con las energías del alma y con una vida completamente dedicada a servir de una forma creativa. Uno puede servir a través del desarrollo de la religión, las artes, la ciencia o cualquier otra esfera de la vida.

Resumiendo este capítulo, podemos decir que por medio de la meditación gradualmente nos damos cuenta de que hay un mecanismo que se desarrolla para la recepción de un rango más amplio de energías. A través de la meditación regular aprendemos las cualidades particulares de las energías involucradas, las impresiones que brindan a nuestra vida, y la naturaleza de la energía transformadora o chakra por medio del cual fluyen hacia nuestra conciencia física.

Por medio de la meditación obtenemos la facultad de remover los bloqueos que causan un desequilibrio en nuestro vehículo etéreo o cuerpo. El reconocimiento de un estilo de vida correcto ayuda para mejorar la salud etérea. Aprendemos a utilizar los chakras como transmisores de energías de los diferentes niveles de conciencia y a utilizarlos para servir a la humanidad en cualquier área de la vida o del trabajo. A un nivel físico, aprendemos gradualmente cómo es que los chakras están asociados con varios órganos y se nos da la facilidad de reconocer cualquier desequilibrio en nuestro medio ambiente externo o interno.

Una meditación de chakra

No es recomendable meditar en los chakras en el sentido en que nos concentramos en su posición física y sus aspectos. La siguiente meditación está diseñada para recordarnos las cualidades positivas de cada centro de energía y para llenar el aura de vida y de color al utilizar el centro ajna como un punto de distribución. Los colores serán utilizados como una pequeña variación de los correspondientes al arco iris. El arco iris comienza con rojo en la base y termina con violeta en la parte superior. A pesar de que el orden de los colores en el arco iris tienen un valor simbólico, cada persona desarrolla sus chakras en diferentes secuencias y con diferentes cualidades que fluyen a través de los chakras. Por lo tanto, vamos a utilizar colores en este ejercicio que se relacionen con las cualidades particulares mencionados en la meditación.

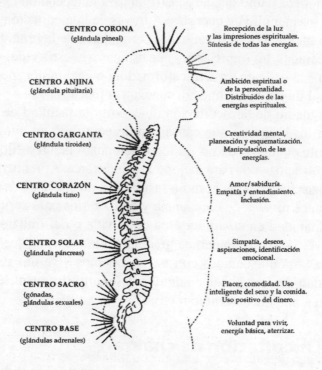

CENTRO CORONA (glándula pineal)	Recepción de la luz y las impresiones espirituales. Síntesis de todas las energías.
CENTRO ANJINA (glándula pituitaria)	Ambición espiritual o de la personalidad. Distribuidos de las energías espirituales.
CENTRO GARGANTA (glándula tiroidea)	Creatividad mental, planeación y esquematización. Manipulación de las energías.
CENTRO CORAZÓN (glándula timo)	Amor/sabiduría. Empatía y entendimiento. Inclusión.
CENTRO SOLAR (glándula páncreas)	Simpatía, deseos, aspiraciones, identificación emocional.
CENTRO SACRO (gónadas, glándulas sexuales)	Placer, comodidad. Uso inteligente del sexo y la comida. Uso positivo del dinero.
CENTRO BASE (glándulas adrenales)	Voluntad para vivir, energía básica, aterrizar.

CUALIDADES POSITIVAS EXPRESADAS POR LOS CHAKRAS

Realiza la relajación básica y el ejercicio de alineación que aparece en "La introducción a la meditación creativa" rápidamente y visualízate como una personalidad alineada e integrada con el alma. Para ayudar en este proceso, visualiza dos cables dorados entrelazados que unen al corazón y a la cabeza con el alma. Pon toda tu concentración en el centro ajna y desde ese punto de integración, proyecta energía en cada chakra empezando desde la base.

Ve el centro base como el asiento de la voluntad de ser y como el almacén de la energía vital. Visualiza esa energía fluyendo a través de ese centro mientras balanceamos nuestros apetitos y placeres, permitiéndonos manejar el prana o energía en un sentido más personal y más amplio. Se refleja en nuestra habilidad para manejar el dinero (prana cristalizado) para el bien común. Sube por la espina una energía naranja y clara y proyéctala vía el centro del ajna para llenar el aura con el naranja profundo del sol que se está poniendo, para que las vibraciones de este color llenen toda el aura con energía. Siente cómo aterrizas gracias a esta energía por las caderas, rodillas y pies.

Coloca la conciencia en el centro del plexo solar detrás de la cintura y visualiza estabilidad y mucha fuerza. Siente cómo el centro del plexo solar se tranquiliza y se equilibra, y visualiza el color verde claro como el de las hojas de las plantas de la primavera que simboliza la simpatía por todas las criaturas vivientes. Lleva esta energía hasta el chakra del corazón y proyéctala a través del ajna para estabilizar todo el cuerpo astral.

Después, toma conciencia sobre el centro del corazón y visualiza una luz hecha por una combinación de rosa y dorado que fluye a través del centro entre los omóplatos para llenar todo el ser con una empatía que fluye hacia el medio ambiente para unirse con todas las criaturas. Siéntete conectado con la red de luz que ha sido creada por todos los seres que aman y sirven. Imagina que respiras esta luz a través del corazón por unos momentos para que llene toda el aura.

Muévete hacia el centro de la garganta detrás del cuello y ve la luz azul plateada moviéndose a través de la garganta, los pulmones y hasta los hombros y brazos. Proyecta este color, que simboliza nuestra capacidad mental, por medio del ajna para estimular toda el aura. Considerando el valor de dirigir la vida de la personalidad desde el nivel de la mente superior y del desarrollo de la vida creativa del servicio.

Ahora, pon toda tu atención en el centro ajna y ve todos estos colores fluir y moverse secuencialmente a través de ese centro hacia el medio ambiente. Recuerda que el ajna sintetiza toda la vida de la personalidad y que es un órgano de distribución espiritual. Ve un azul índigo muy profundo y que proporciona paz, el color del cielo en la noche, que se une con todos los colores fluyendo por medio del centro ajna hacia un estado de paz.

Finalmente, pon toda tu atención sobre tu cabeza en el centro corona y visualiza las energías color blanco, oro y amatista que conectan al ser con el universo. Descansa en una energía radiante y en paz durante unos momentos y siente todos los chakras y el cuerpo etéreo cómo son bañados por esa claridad, por esas energías que fluyen y que son de todos los colores imaginables. Ve como los colores se unen y forman una luz blanca que baña el aura y la llena de salud y vida. Dedica todos los chakras al servicio del bien de todo el planeta. Descansa en paz y alegría, y deja que las energías fluyan a través de todo el ser. Termina con este mantra:

Estoy parado en el centro de todo el amor,
De ese centro, Yo el alma me moveré hacia fuera,
De ese centro, Yo el que sirve voy a trabajar,
Que el amor del ser divino sea emitido hacia fuera,
En mi corazón, a través de mi grupo, y del mundo.

Esto completa la parte esotérica del libro. Ahora vamos a examinar cómo esta información y entendimiento pueden trasladarse a efectos prácticos de la experiencia meditativa.

Capítulo 10

EFECTOS PRÁCTICOS DE LA MEDITACIÓN

Cuando las personas realizan la meditación con cierta regularidad, surgen ciertas preguntas respecto a los cambios que sufrirán durante los diferentes niveles. Este capítulo habla sobre diferentes consideraciones y asuntos que pueden variar de una persona a otra. La meditación es algo muy individual por muchos motivos.

Si una persona ha meditado durante una o más de sus vidas anteriores, la respuesta será muy diferente a la de aquella persona que comienza a involucrarse en este camino. Se puede aplicar este razonamiento a cualquier área de aprendizaje; esto explica por qué cada persona entiende las matemáticas, las lenguas, la música o cualquier otra disciplina de diferente forma. Una historia previa en la meditación durante otras vidas es un factor mucho más importante para el desarrollo evolutivo que la vocación o la habilidad que involucra al cuerpo o a la mente.

La meditación involucra la alineación o las relaciones con el alma. Cuando una dimensión espiritual se lleva a una vida en particular, puede ser pasada de largo en otra vida subsiguiente, pero jamás se pierde y siempre provee un potencial para un desarrollo espiritual mucho más rápido. Una vez que una persona ha entrado en el camino espiritual, invoca energías hacia la vida que están mucho más allá de los tres niveles de la personalidad del cuerpo, los sentimientos y la mente inferior. Esto es porque la persona ha tocado el alma, aunque sea por un corto periodo, y llevó energías de un nivel de la mente superior o de más allá.

Estos pensamientos deben animar a aquellas personas que pueden experimentar más dificultades en la meditación que algunos de sus amigos o conocidos. Estos pensamientos también explican la extraordinaria aceleración de los procesos planetarios bajo el efecto condicionante de todo un grupo de personas espiritualmente desarrolladas que aparentemente encarnaron desde la última guerra mundial. A su vez estas personas han ayudado a acelerar el desarrollo espiritual de la humanidad.

El tiempo y el lugar

Es preferible meditar en las mañanas por muchos motivos. Primero, en las mañanas es cuando por lo general las personas están más frescas y esto quiere decir que la persona tiene menos posibilidades de quedarse dormida. Segundo, la mente está mucho menos activa en las mañanas después de dormir que durante el mediodía o la tarde. Esto es muy útil incluso para alertar a las personas, sus mentes están más tranquilas en la mañana que en la tarde.

Las personas a las que les cuesta mucho trabajo despertarse deben realizar algunas actividades antes de comenzar a meditar, como bañarse, vestirse y tal vez tomar un poco de jugo fresco o un vaso de agua. Entre más rápida sea la mente de la persona al despertarse, más rápido tendrá que comenzar a meditar. Las personas perezosas pueden realizar todas las actividades que consideren necesarias para despertar lo suficiente y así comenzar con la meditación.

Hay una razón muy importante por la cual meditamos primero en la mañana. Tiene que ver con la cualidad del prana o energía que se acumula después de la salida del sol en cualquier lugar. El prana planetario tiene una cualidad vibratoria muy particular en las mañanas y nos ayuda a vitalizar y alinear nuestros vehículos.

Si es posible, el lugar en donde se medita debe ser el mismo diariamente. De forma idílica, este lugar debe ser tranquilo, y tener cualidades reflexivas. Con la meditación regular, las energías etéreas positivas se van acumulando en el lugar. Todos estamos conscientes de las diferentes vibraciones que hay cuando entramos en una casa o en un cuarto en particular. A menudo esto se debe a las actividades que se realizan en esa casa o en ese cuarto. Deliberadamente podemos crear un efecto positivo y benéfico en el lugar a través de la meditación. Esto va a reforzar nuestra meditación y será de especial ayuda en días en que nuestra concentración sea escasa.

La cantidad de tiempo para la meditación variará con nuestra experiencia y con el tipo particular de enfoque que estemos utilizando. Generalmente, uno puede decir que la meditación para los principiantes no debe pasar de los veinte minutos, o media hora incluyendo el periodo de relajación. Los meditadores experimentados pueden extender esto hasta cuarenta y cinco minutos. Con el enfoque meditativo y utilizando la mente creativa, un periodo más largo a lo mencionado tiende a contribuir a la pérdida de la concentración.

En vez de llevar a cabo una meditación más larga, es preferible tener otro periodo de breve alineación a la mitad del día cuando el sol esté en el meridiano y una mucho más relajante al final del día para despejarse de las actividades del día y prepararnos a descansar. Esto nos lleva a entrar en la discusión de cuáles son los efectos de la meditación y cuáles son los cambios que lleva a nuestros vehículos de la personalidad que son los cuerpos físico/etéreo, astral y mental.

Efectos en el cuerpo físico/etéreo

Las primeras experiencias de los principiantes tendrán un poco de resistencia física. Las sensaciones de congestión en el hígado y otras partes del cuerpo pueden ocurrir durante la relajación, como se habló en el capítulo uno. El que los miembros superiores e inferiores estén en constante movimiento puede ser otro síntoma, ya que la energía nerviosa está agitada. Esto puede provenir parcialmente de la agitación del cuerpo emocional. Las sensaciones de pesadez, ligereza, de sentir que se está flotando y de expansión son experiencias muy comunes. Algunas personas pueden estar ansiosas al principio acerca de estas sensaciones, mientras que otras las encuentran placenteras.

Hay periodos de insomnio que son el resultado de la estimulación excesiva de las energías que fluyen en el sistema nervioso a través del cuerpo etéreo. En este caso sería muy sabio sólo meditar en las mañanas y reducir el periodo de tiempo hasta que el exceso de estimulación cese. En cambio, muchas personas se quedan dormidas cuando comienzan a meditar, porque necesitan relajarse; eventualmente se adaptan al estado relajado y permanecen despiertas. Otra vez, para estar lo más fresco posible, deben meditar en la mañana.

El aumento de la energía hacia todos los tejidos del cuerpo aumenta el sistema inmunológico y previene las enfermedades más comunes como el resfriado y la tos y otras más serias como la artritis y el cáncer. Otra ventaja de tener más energía involucra la habilidad de trabajar más duro y más rápido en nuestra área de meditación, mientras se conserva el aplomo y la relajación. Los meditadores regulares son un recurso mucho más importante al llevar a cabo y dirigir juntas por su visión clara, energía y calma.

El cuerpo físico sutil o vehículo etéreo cambia durante la meditación, y éstos son importantes de describir. El potencial de un etéreo difiere de otros en términos de transmisión de energía. El tono y el calibre del cuerpo etéreo están directamente condicionados por el nivel de conciencia en el cual enfocamos nuestra atención. La meditación nos da un enfoque mucho más profundo conforme expandimos nuestra conciencia de manera progresiva hacia los niveles del ser mucho más inclusivos. Lo etéreo es gradualmente entonado para responder a estos niveles, y los chakras correspondientes actúan como los transformadores eléctricos necesarios para la energía que contactamos.

Entre más meditativo sea nuestro enfoque general de la vida, más receptivo y flexible se vuelve lo etéreo hacia todos los fluidos del universo. El cuerpo etéreo es el mediador entre todos nuestros estados de conciencia y el sistema nervioso central. Conforme se va volviendo más entonado somos atraídos automáticamente a la idea de cambiar nuestro estilo de vida a uno mucho más saludable. Es por este motivo que muchas dietas no tienen efectos benéficos en una persona. Los cambios permanentes hacia un estilo de vida saludable deben venir del interior.

Por ejemplo, una persona con un sistema nervioso sensitivo tiene en correspondencia un cuerpo etéreo sensitivo. Nadie escogería vivir en un ambiente contaminado y ruidoso. El enfoque meditativo hacia la vida nos dará oportunidades para un cambio benéfico, y la persona recibirá muchos cambios aunque no le den tanto prestigio y bienes materiales. La vida será dividida en periodos adecuados y correctos en términos de trabajo, descanso, juego y relajación, porque el incrementar la conciencia sobre las energías etéreas le da a la persona una retroalimentación que produce un bienestar cuando hay un ritmo de vida armónico. Paradójicamente, incluso si esa persona es sometida a estrés, al estar a tono su cuerpo etéreo le va a permitir tener un mejor desempeño que la persona promedio y va a poder regresar más fácilmente a un estado energético de manera más fácil.

A través de un enfoque meditativo de la vida lo etéreo puede aprender a ajustarse más fácilmente al estrés inevitable, por ejemplo, en un viaje internacional. Las personas que tienen lo etéreo finamente entonado planean sus viajes de manera mucho más cuidadosa para minimizar el estrés. Se detienen en lugares en donde pueden recargar lo etéreo, cuidar su nutrición y toman suplementos alimenticios como vitamina B y C, y tal vez remedios herbales y florales. La meditación y la práctica, como el Tai Chi, durante los viajes ayudan a contrarrestar el efecto del cambio de horario.

La condición en que se encuentra nuestra parte etérea al momento de nacer está condicionada por cómo se encontraba en el momento de nuestra muerte en la última vida. Esto explica las diversas condiciones de nuestra salud durante la vida, y también nuestra habilidad para lograr diferentes niveles de conciencia. Una dieta mal balanceada, los grandes consumos de alcohol, y un mal hábito como es el fumar causan que lo etéreo se vuelva indiferente y denso en la siguiente vida.

Esas personas serán atraídas de manera kármica hacia unos padres que provean ese tipo de genes que concuerdan con una constitución etérea perezosa. Van a tener que trabajar mucho más en su siguiente reencarnación para lograr una buena salud y la habilidad de responder a energías superiores. Desafortunadamente, algunas personas contraen un hábito de alcoholismo o de tabaquismo porque tienen una constitución nerviosa hipersensible o etérea que con el manejo adecuado puede llegar a ser una gran ventaja.

Cualquier droga tendrá efectos negativos en lo etéreo, aunque es obvio que algunas drogas médicas son esenciales para preservar y alargar la vida y otras deben ser tomadas en periodos cortos para combatir alguna enfermedad. Las terapias naturales pueden ser utilizadas para minimizar los efectos secundarios de las drogas.

Probablemente, la calcificación de la glándula pineal está en proporción directa con la rigidez del cuerpo etéreo. La glándula pineal puede ser particularmente sensible a la contaminación del aire y diferentes tipos de humo, ya que se encuentra localizada en el centro del cerebro y cerca de la nariz. La meditación y otras técnicas como la Vivaxis (ver capítulo 13) pueden ayudar a descalcificar la glándula pineal y sus receptores asociados, y cuando el estilo de vida necesario se obtiene no hay ningún motivo por el cual esta calcificación no pueda revertirse.

La condición opuesta a que se espese lo etéreo es un tipo de disipación y de holgura como cuando se aflojan las cuerdas de una raqueta de tenis. Esta falta de tono está asociada con el agotamiento, sin importar cuánto duerma la persona. El problema puede venir de una droga como la heroína en sus diferentes formas. La red protectora etérea que hay entre los vehículos etéreos y los astrales puede ser destruida prematuramente y esto causa alucinaciones y sufrimiento. La persona no tiene control de los niveles astrales que constantemente invaden su campo de conciencia.

Problemas similares de menor grado pueden surgir si se medita de manera incorrecta, cuando la persona se concentra demasiado en los chakras inferiores, y entonces el fuego kundalini surge y arde a través de la red etérea no refinada que no estaba preparada para esto. En los occidentales que han vivido por largo tiempo en el trópico surge una disipación menos dramática. También puede surgir al momento de nacer por razones desconocidas, pero se presume que está relacionado con la última encarnación.

Estos vehículos etéreos sueltos pueden ser entonados con el mejoramiento en el estilo de vida después de varios años y con el uso de terapias naturales. Estas mejoras pueden afectar a lo etéreo, tanto subjetiva como objetivamente; para esto debemos ver en la cadena de influencias en nuestra salud: pensamientos, emociones, energías etéreas o prana, cuerpo etéreo, sistema nervioso, hormonas, sangre, tejidos, etcétera.

Los efectos de la meditación en las emociones y el cuerpo astral

La persona promedio se enfoca en su cuerpo astral. Tendemos a ser regidos por nuestros deseos y por lo tanto sufrimos conflictos emocionales y disipación. Nos confundimos acerca de lo que pensamos que debemos hacer en cualquier situación, diferente de lo que realmente hacemos. Estos conflictos interfieren con nuestro trabajo y nuestra vida en el hogar. A menudo no hay integración entre los sentimientos y nuestra vida mental, y menos entre lo que creemos que debe hacerse y las disciplinas físicas que nos permiten tomar la acción correcta y adecuada.

Las técnicas modernas que se realizan en los talleres pueden liberar a las personas de estos conflictos al llevar a la superficie sentimientos reprimidos, permitiéndoles enfrentarlos y hacer algo al respecto en una atmósfera de mayor apoyo en una vida de grupo. Sin embargo, muchos de estos talleres son liderados por personas que no tienen el entrenamiento básico en psicología, y por lo tanto algunos participantes cubren los traumas que son difíciles de manejar y para los cuales no ha habido un seguimiento adecuado por parte del líder de grupo. Algunas de estas neurosis y obsesiones están tan arraigadas que no pueden manejarse en un taller que dura una semana o incluso en cierto número de talleres.

Otro problema, que no es reconocido generalmente, emerge con el renacimiento y con técnicas similares. Esta terapia está diseñada para liberar a las personas del dolor físico y psíquico que supuestamente experimentaron al momento de nacer. La siguiente supresión de esta experiencia se sabe que condiciona su vida futura de una forma negativa. Durante la terapia la persona revive su nacimiento y es liberada de los sentimientos de dolor.

El cuerpo astral se siente vivo por sus colores y movimientos. Por cientos de vidas se ha vuelto el foco principal de atención por nuestra respuesta hacia los impactos astrales conforme afectan todos los aspectos de nuestra vida. Cuando comenzamos a desarrollarnos mentalmente, se crea un conflicto básico entre lo que nos dicen y lo que pensamos que debemos de hacer.

Muchas de las escuelas de psicología transpersonal tienen una percepción correcta de la necesidad de liberar la personalidad de sus sentimientos reprimidos, no a través de cualquier proceso de pensamiento analítico, sino llevando estos conflictos a la superficie. Debido a que hay una gran falta de conocimiento respecto a nuestra constitución interna, muchas personas no se dan cuenta de que los sentimientos son expresados por una entidad astral que, aunque es parte de nuestra personalidad, puede proyectar una vida propia hasta que la personalidad está completamente integrada. Este tema será explorado más a fondo en el capítulo 12.

Si el renacimiento ocurriera una sola vez, no habría daño alguno, pero muchas personas pasan semanas, meses y años actuando su vida emocional interna de forma extremadamente dramática. Lo que se asume a la hora del renacimiento es que estas personas necesitan descargar y liberar problemas emocionales de una naturaleza sustancial. De hecho la entidad astral puede estar retardando la integración de la personalidad al volverse mucho más fuerte en la asertividad propia como resultado de la terapia.

No hay duda de que parte de esta actividad está garantizada como una liberación inicial, pero no debemos remplazar el enfoque analítico con un exceso de liberación emocional y expresión. Obviamente, ésta es una generalización y algunos terapeutas han logrado en sus clientes el balance necesario entre enfoque mental y liberación emocional.

El camino meditativo o esotérico es un poco diferente de los métodos psicológicos del pasado o los métodos promedio de liberación emocional que se usa en los talleres, o como sea que se les denomine. El camino esotérico es el camino del futuro, no del pasado. El camino esotérico no está enfocado en los problemas de la personalidad en una parte previa de esta vida o de vidas anteriores. Por medio de la meditación y de la alineación con el alma podemos llevar a la personalidad aquellas energías internas de vida que pueden barrer en nuestra aura todos esos bloqueos del pasado y crear un nuevo futuro. Por lo tanto éste es un método de sustitución en donde transmutamos los problemas en la naturaleza emocional al llevar energías más sutiles y creativas. Este método no suprime las emociones, pero hace que quitemos lo ojos de la personalidad, para que nos enfoquemos en la naturaleza inclusiva del alma.

Los efectos positivos en el cuerpo astral a través de la meditación son para hacer su naturaleza emocional e inquieta mucho más estable y serena y para darle un sentimiento de paz y de descanso. Hay un cese en la agitación y una transmutación gradual de las emociones negativas como son el miedo, la ira, la envidia y la depresión. El cese de los movimientos violentos de la naturaleza astral, con sus altas y sus bajas, significa que podemos enfocar más fácilmente nuestra atención en la mente. Nos volvemos más desapegados del mundo de los sentidos y somos capaces de practicar la disipación o liberarnos de las pasiones astrales. Esto significa que podemos utilizar la naturaleza astral como vehículo para la emoción en vez de que sea utilizada por él. En otras palabras tomamos el control de las energías astrales y por lo tanto somos menos propensos a desequilibrarnos en situaciones que no esperemos o que no queramos.

La naturaleza astral puede ser comparada con un caballo o un león que necesitan ser domesticados. Vemos ilustraciones simbólicas de un hombre sosteniendo las fauces de un león que obviamente está en un estado de sumisión. El primer efecto en algunas personas del control de la naturaleza astral es que el color de toda la vida ha desaparecido. Esto se debe a que el vehículo astral es por su propia naturaleza una entidad muy colorida. Se incrementa con el movimiento, y la primera impresión en la práctica meditativa puede ser que la vida se ha vuelto descolorida y aburrida. El temperamento psíquico de la persona determina si este estado es interpretado como un gran alivio o como algo plano y aburrido. Sin embargo, este estado es temporal hasta que nos acostumbramos a dirigir nuestra vida hacia otro nivel.

El mismo proceso ocurre durante una crisis a mitad de la vida cuando todos los retos iniciales de la vida parecen haber sido logrados, se tiene una familia y ya no necesita toda nuestra atención, se han logrado todas las ambiciones que teníamos en el área laboral, y parece que ya no hay nada más que tengamos que lograr. La persona en ese momento busca un cambio de trabajo y un rumbo en la vida, necesita encontrar algo con más significado, o entonces la persona comienza a buscar el significado de la vida. Es un momento crítico, porque, a menos de que se tome una decisión correcta, puede haber mayores desilusiones si el cambio es sólo superficial.

Cuando la persona contacta a las energías superiores que pasan por el cuerpo astral puede ocurrir otro estado. Todos los conflictos glamurosos y emocionales se remarcan temporalmente al encontrarse con esta luz extra. La luz del alma de repente nos muestra todos los problemas que tenemos en nuestra naturaleza y entonces podemos entrar en un ataque de desesperación y perder el sentido de nuestro valor como personas por culpa de la visión interna tan aguda.

Tal vez estos dos síndromes principales corresponden a los diferentes tipos de personalidad. Los extrovertidos pueden experimentar una repentina aridez y ranciedad en su vida, resultado de la inusual rigidez de lo astral; los introvertidos pueden enfrentarse a lo que ellos perciben como la horrible vista de todos sus defectos mientras miran hacia adentro gracias a la luz del alma.

En ambos casos estas experiencias son sólo temporales. En el primer caso la respuesta recae en la perseverancia con el enfoque meditativo hasta que las energías sutiles y las direcciones del alma son percibidas como un estado extraordinariamente hermoso y claro. Las emociones temporales y glamurosas de lo astral son percibidas como una distorsión de la realidad, las cuales nos han prevenido de ver la verdadera emoción y el reto del proceso evolutivo.

En el segundo caso la perseverancia con la alineación del alma a través de la meditación permite que la vista interna perciba que las emociones negativas son reales sólo porque las identificamos o las suprimimos. Mientras nos identificamos gradualmente con el alma podemos observar la transmutación gradual de estos sentimientos antiguos, hasta que lo astral se convierte en una alberca clara de luz que puede reflejar y transmitir las energías superiores.

Los problemas emocionales o astrales son los que se resuelven y se transmutan por la sustitución y la alineación con el nivel superior del ser. Este enfoque meditativo puede hacer cortocircuito con el trabajo tedioso que se encuentra en el enfoque clásico psíquico-analítico y en otros estilos de asesoramiento psicológico. El enfoque meditativo, a menos de que se maneje muy cuidadosamente, no es recomendable para personas con enfermedades mentales como esquizofrenia, tendencias maniaco depresivas o neurosis obsesiva. Una vez que estas personas muestran un interés definitivo y una intención de curarse, se tienen que seleccionar cuidadosamente las técnicas de meditación y pueden combinarse con los procedimientos médicos estándar como son la terapia farmacéutica y algunas otras terapias naturales.

Estas consideraciones son importantes para entender y explorar porque todos hemos experimentado tanto inquietud y malestar astral como mental en diferentes rangos en momentos particulares de nuestra vida. El entendimiento de los mecanismos involucrados nos permite lidiar de mejor manera con nuestros problemas psicológicos, astrales y mentales. Desde el punto de vista esotérico el cuerpo astral es producto de nuestra imaginación, y aunque es un cuerpo tangible estamos atrapados por nuestros deseos. Su transmutación nos permite usar el plano astral como transmisor de las energías espirituales. Entonces podemos utilizar energía astral para relacionar esas vidas con quien estamos conectados, y aun así permanecer desligados del *glamour* que cubre y distorsiona nuestra percepción correcta.

La estabilidad astral y la serenidad le dan equilibrio y un buen funcionamiento a nuestro chakra del plexo solar que es nuestro órgano para la recepción de los impactos astrales tanto del interior de nuestra naturaleza como de afuera. Su balance regula todas las funciones digestivas y las autónomas del sistema nervioso. En un sentido psíquico el funcionamiento correcto y adecuado del plexo solar nos permite alejar cualquier interferencia astral no deseada y resuelve el dolor físico que muchas personas sienten en esa área. Las personas que no han aprendido a manejar la energía astral de forma positiva sienten un calambre en el plexo solar. Muchos niños pequeños tienen estos problemas debido a su hipersensibilidad a los impactos astrales.

La meditación afecta directamente al centro del plexo solar primordialmente a través del proceso de desarrollo del centro del corazón como se describió en el capítulo 9. La congestión en el plexo solar se libera cuando se lleva energía del centro del corazón. Esta transmutación a menudo se manifiesta mejor y más fuerte durante el sueño.

La persona promedio se mueve a un plano astral durante el sueño; si su propia naturaleza astral está en un estado calmado, la persona se hace insensible a las condiciones violentas que se encuentran comúnmente en los niveles inferiores del plano astral de hoy. Si nos vamos a dormir en un estado calmado, astralmente hablando, automáticamente pasamos a través de regiones alteradas y después encontramos el nivel astral que resuena con serenidad.

Generalmente, la meditación elimina los aspectos negativos del vehículo etéreo y astral. Las congestiones y los bloqueos se remueven, lo cual da como resultado una salud mejorada y una mejor habilidad para explotar las energías superiores más fácilmente.

Los efectos de la meditación en la mente

El vehículo mental o mecanismo se desarrolla en respuesta hacia los impactos mentales en el universo de aquellos seres e individuos en los que la mente ya está desarrollada. Vemos una forma muy rudimentaria de memoria en los más altos miembros del reino animal. No vamos a hablar de si la memoria reside en la mente o en el cerebro.

El chakra de la garganta es el centro primordial de energía para la recepción de impactos de la mente inferior, y los centros de la cabeza reciben los impactos de la mente superior. El centro de la garganta se ha vuelto muy activo en una gran parte de la humanidad y de eso ya se habló en el capítulo 9. Externamente, se puede apreciar que la actividad mental ha aumentado debido a la tecnología moderna y a la explosión de información.

La mente inferior es el verdadero sexto sentido o sentido común. Como un órgano de sentido la mente puede ser utilizada como un órgano de visión y nos da la correcta percepción, interpretación y transmisión de la información desde dentro y fuera. Utilizar la mente como un sexto sentido significa que debemos enfocarnos en algo más allá de esto. De la misma forma, si estamos utilizando los ojos como un órgano, nos percibimos a nosotros mismos a través de los ojos en vez de identificarnos con nuestros ojos. Utilizando la mente como un órgano de sentido podemos utilizar la mente de una forma más desligada, en vez de que sea utilizada. La meditación diaria nos da práctica para usar la mente como un instrumento para la vida creativa, porque en la meditación nos enfocamos más allá de la mente inferior hacia el nivel del alma. Entonces, desarrollamos un punto de vista que está desligado de la personalidad, incluyendo la parte de la personalidad llamada mente.

La interpretación correcta de la vida es uno de los atributos mentales principales de la vida meditativa y eso nos da la facultad de discriminar entre los verdadero y lo falso. La discriminación tiene implicaciones prácticas para nuestra vida diaria en el trabajo y en el hogar. Nos permite distinguir entre los maestros verdaderos y los falsos y las filosofías verdaderas y la falsas, e interpretar nuestras impresiones espirituales.

En el proceso de meditación estamos desligándonos gradualmente de capas sucesivas de la personalidad, nuestras sensaciones, el cuerpo astral, y finalmente la mente inferior. Entonces podemos utilizar todos estos niveles como un instrumento unificado para el alma. La mente en sí puede volcarse hacia tres direcciones, lo cual la hace un instrumento magnífico. Puede volcarse hacia fuera a través de los sentidos para percibir los impactos del mundo exterior; puede volcarse hacia arriba para percibir los impactos del plano búdico y de más allá, e interpretar estos impactos hacia la personalidad; y se puede hacer consciente de sí misma como un aspecto del alma en el plano mental superior. Cuando se utiliza como el sexto sentido, la mente inferior se vuelve el instrumento por el cual el alma conoce el mundo exterior.

En cambio, y más importante, hasta que la mente se desarrolle como un instrumento de conocimiento, el alma no puede ser conocida. El alma puede sentirse antes de que la mente se desarrolle, pero no se puede conocer. Es por esto que las escuelas de meditación esotérica enfatizan el uso de la mente en el proceso meditativo, al igual que el calor del desarrollo mental que se ha llevado a cabo en el Occidente. La contribución creativa que la mente desarrollada puede hacer para nuestra vida planetaria ha sido mencionada un buen número de veces y es remarcada en la siguiente cita hecha por Alice Bailey:

Entrenar a las personas para trabajar en la materia mental es entrenarlas para crear, enseñarles a las personas a conocer la naturaleza del alma es ponerlas en contacto con el lado subjetivo de la manifestación y poner en sus manos el poder de trabajar con la energía del alma... entonces una persona se puede convertir en un creador consciente.

De su libro Tratado sobre el fuego cósmico

Toda meditación verdadera involucra el poder de visualizar y éste es un proceso que se considera que toma lugar entre las glándulas pineal y pituitaria en la cabeza. La actividad de visualización construye un puente entre los vehículos astrales y mentales y éste nos ayuda en la integración de la personalidad.

En la vida astral hay que enfrentar muchos retos de diferentes tipos como lo son los *glamoures*, en el desarrollo mental el reto principal que hay que superar es la ilusión. Conforme la mente va acumulando cierto conocimiento proveniente de diferentes fuentes, nos vamos condicionando en ciertos sistemas de creencias y patrones. Estos condicionamientos hacen que sea intermitente nuestra evaluación de la vida en todo sentido. Nuestros ideales se pueden centrar alrededor de la religión, la filosofía, una rama de la ciencia, las artes o cualquier otra idea. Cada vez que definimos un sistema particular para nosotros mismos o para los demás, estamos inclinados a seguir ciertas fronteras rígidas alrededor de estas creencias, excluyendo otros enfoques de la verdad. Por lo general defendemos nuestras creencias en contra de cualquier otra que sea nueva o diferente.

Una suma significativa de los factores que nos llevan a estas ilusiones de la mente están presentadas en libro de Alice Bailey titulado *Glamour: un problema mundial*. Estos factores, que pueden influenciar nuestra receptividad hacia una idea en particular, están enlistados como malas percepciones, interpretaciones, apropiaciones, direcciones, integraciones, representaciones, y aplicaciones. Como un ejemplo podemos tomar la filosofía del marxismo y ver cómo estos factores han operado para convertir un sistema filosófico en el totalitario sistema del comunismo. El comunismo fue adoptado por casi todos los bloques de países del Oriente, pero desde ese entonces han ido retirándolo.

Conforme la mente superior se desarrolla tendemos a jugar mucho más ampliamente con las ideas y a verlas en un marco bastante más relativo, en donde cualquier modelo particular de información no se ve de manera absoluta. Esto nos hace más tolerantes a los puntos de vista de los demás y nos da una mente mucho más flexible y creativa. La meditación mejora el desarrollo de la mente superior a través del pensamiento reflexivo y nos ayuda a superar la separación, la cual la mente tiende a engendrar a través de categorías muy rígidas. La meditación construye un puente entre la mente superior y la mente inferior, y en las enseñanzas esotéricas este puente es denominado el antahkarana.

Es por medio de la facultad mental y su desarrollo en que nos volvemos sensibles a la mente divina. El uso de nuestra mente nos da la habilidad de organizar, planear, concentrar y desarrollar nuestra falta de mordacidad. Estas habilidades tienen relevancia práctica hacia la vida cotidiana y son una expresión de la mente controlada conforme trabaja en la vida diaria de la personalidad. Viendo hacia su fuente, la mente es una reflexión del macrocosmo o mente divina y por lo tanto puede volverse receptiva hacia el plano divino. A través de la meditación podemos catalogar un aura magnética en las cuales las impresiones superiores pueden tocar. No vamos a hablar acerca de si hay un gran diseño o un gran plan en el universo. A través de la meditación, los individuos pueden resolver eventualmente esta cuestión por sí mismos. En resumen, la meditación regular aumenta nuestras actividades diarias del trabajo, la relajación y el sueño. Hace esto regulando y mejorando las energías en los cuerpos físicos y los etéreos; interpretando la emoción natural astral o emocional, serena e inactiva, mientras enfocamos e iluminamos la mente. Estos tres niveles de la personalidad, cuerpo, sentimientos y mente, están integrados juntos para proveer una persona completa y en total funcionamiento.

Los problemas existentes, tales como los patrones de enfermedades heredadas o adquiridas, pueden ser modificados en el cuerpo físico al recrear el patrón correcto de crecimiento y función en el vehículo etéreo. Las neurosis a un nivel emocional pueden ser resueltas a través de la alineación con el alma. El enfoque esotérico para los problemas psicológicos no se debe profundizar en un enfoque en el pasado, sino a través de un proceso de sustitución para permitir que las energías del alma pasen por la personalidad. Esto proporciona energía creativa.

La unión entre meditación, creatividad y re-creación, cuya sanación ha sido sugerida en los capítulos anteriores. Nuestra meditación personal tiene un efecto curativo en nosotros mismos; la meditación en la familia tiene un efecto curativo y la meditación en el ambiente laboral, tienen un efecto tanto creativo como curativo. El mecanismo para curar será examinado a mayor detalle al igual que el papel específico del sanador. Vamos a ver el papel del sanador y el del cliente que trabajan para restaurar la salud.

Capítulo 11

SANANDO A OTROS Y A NOSOTROS MISMOS POR MEDIO DE LA MEDITACIÓN

La salud es equilibrio, armonía, ritmo y el flujo natural o pulsación de las energías de la vida a través de cada parte de nuestro ser. Las enfermedades ocurren cuando este flujo es interrumpido en uno o varios niveles de la conciencia en los que funcionamos. Las fijaciones de pensamiento, conflicto emocional o una emoción negativa, un estilo de vida pobre o disfuncional con una baja de energía consecuente y las predisposiciones heredadas son las áreas problema que por lo general nos roban la salud. Múltiples enfermedades físicas están relacionadas con estos problemas sutiles. La meditación nos puede ayudar a superar estos problemas.

El sanar y hacer un ser completo son los beneficios principales de la meditación, de ahí el título de este libro. El resultado de integrar la personalidad y de alinearla con el alma es lo que une a todas las partes de nuestra naturaleza para que puedan funcionar con ritmo. Esto es salud en el verdadero sentido de la palabra. Cualquier terapia que no logre este cometido no es una terapia de unificación del todo. Hay una relación obvia entre unificar un todo (*whole*) y la palabra *holy* (sagrado) como se muestra en muchos diccionarios del idioma inglés.

La mayoría de las formas de meditación son curativas hasta cierto punto. Cualquier método de meditación que fomenta la relajación, restaura el equilibrio de los nervios y promueve y mejora la circulación es válido para la curación del cuerpo físico. Sin embargo, si las emociones y la mente no están en armonía entre sí y con el cuerpo físico, la relajación no será permanente. La meditación, que está enfocada de forma primordial a la mente, va a filtrarse hasta el cuerpo físico, pero de nuevo reitero que si hay problemas emocionales no se logrará el equilibrio.

Es necesario para la persona que medita alinearse con el ser interno más allá de la personalidad si es que se quiere que haya una verdadera curación de los tres niveles del cuerpo, las emociones y la mente. El mismo enfoque se tiene que tener cuando estamos curando a otra persona. Necesitamos invocar el alma de esa otra persona para que entonces ella se pueda curar desde dentro. Esto quiere decir que nosotros no somos los que estamos haciendo la curación, sino que estamos actuando como un catalizador gracias a nuestra alineación interna.

La integración de los vehículos de la personalidad del cuerpo, las emociones y la mente, y sus alineaciones con nuestra esencia curativa interna han sido descritas como un enfoque en donde los bloqueos emocionales y mentales son transmutados y resueltos. Ya sea que estos bloqueos y estas cristalizaciones han sido ocasionadas por nuestra respuesta a las circunstancias en la vida presente o en vidas previas, el enfoque meditativo tiene el efecto positivo de promover el libre flujo de energías. Hay algunos testimonios sorprendentes de personas que están en completa remisión de enfermedades mortales que dicen que la meditación fue el factor más importante para su recuperación.

El meditador con alguna experiencia está consciente de las energías que fluyen hacia el cuerpo físico o cuerpo etéreo en cuanto ocurre la entonación interna. Lo etéreo provee el patrón para el crecimiento físico, las células y los tejidos seguirán el bosquejo establecido a un nivel etéreo. Si se cambia el patrón etéreo, el cuerpo físico responderá automáticamente al patrón. Por lo general, la taza de cambio es proporcional a la fuerza de los cambios internos que ocurren dentro del individuo.

El cuerpo físico puede también necesitar asistencia de esas terapias naturales que pueden ayudar en la construcción de lo etéreo del lado físico. El descanso adecuado, el ejercicio, tomar baños de sol moderados, vitaminas, minerales, hierbas y homeopatía pueden jugar una parte muy importante en ayudar a la reestructuración de los bosquejos de la salud. Para la salud siempre debemos considerar los factores internos y externos. Para obtener más detalles acerca de las terapias naturales que ayudan en caso de ciertas enfermedades en particular, puedes leer mi libro *The A-Z of Natural Therapies* (*De la A a la Z en terapias naturales*).

La mejora de la salud es uno de los efectos secundarios positivos de la meditación. Tiene un efecto eliminativo y ayuda a desechar los procesos de las enfermedades de la mente, los sentimientos y el cuerpo. Este efecto puede ser gradual o dramático, dependiendo de muchos factores. Estos factores incluyen la duración de los problemas, su relación con las vidas pasadas, el estilo de vida actual, las predisposiciones heredadas, la disposición psicológica actual y, en particular, la intención principal en la vida del individuo. Este último factor integra el factor de la voluntad que determina la fuerza del propósito de la vida.

La voluntad está relacionada con la mente en la vida de la personalidad, y es la mente la que dirige la personalidad y articula nuestra dirección en la vida. La mente puede actuar como un factor de síntesis en la vida de la personalidad, lo que nos da como resultado que la naturaleza emocional esté bajo control. Cuando la mente se desarrolla por primera vez perdemos contacto con nuestras emociones. Este fenómeno puede dar pie a fases periódicas de alteraciones severas de la personalidad, cuando la mente tiene ideas e ideales de cómo es que debe ser la vida; sin embargo, los sentimientos son rebeldes con muchos deseos que van en diferentes direcciones.

Eventualmente, el individuo permite que la mente se integre a la personalidad utilizándola como el sentido común o sexto sentido. Más tarde, este proceso provee cierto grado de desapego que nos mueve en una dirección de la mente superior y del cuerpo del alma. Es por este motivo que la meditación mentalmente dirigida tiene un efecto curativo y de integración en la personalidad. La mente es capaz de unir nuestra vida diaria con los mundos superiores y es el puente entre la personalidad y los niveles espirituales. Este puente es llamado el antahkarana o puente arco iris y es construido por medio de la meditación, uniendo la mente superior y la mente inferior. El puente puede ser construido únicamente una vez que la mente haya sido desarrollada y por lo general es el siguiente paso después de que se unen los niveles astral y búdico a través de ciertos tipos de meditación mística.

La construcción del antahkarana es una enseñanza relativamente nueva que se nos ha proporcionado a través de los escritos de Alice Bailey, en especial su libro *Rays and Initiations* (*Los rayos y las iniciaciones*). Una vez que hemos creado una unión entre la mente inferior y la mente superior, podemos lograr una salud perfecta como resultado las energías átmicas, búdicas y de la mente superior que fluyen directamente hacia los vehículos de la personalidad. Los vehículos inferiores se convierten en transmisores de estos tres niveles de las energías espirituales que son transmitidas hacia lo etéreo por medio de los chakras de la cabeza, la garganta y el corazón.

Podemos comenzar a ver la síntesis de todo el proceso meditativo. La integración de la personalidad está acompañada por la actividad en la cabeza, la garganta y el corazón que automáticamente llevan las energías hacia arriba desde abajo del diafragma. Los tres canales espinales transmiten estas energías inferiores hacia un área de la cabeza y estas energías se topan con las energías que fluyen hacia debajo de los niveles espirituales a través del área de la cabeza. Un aura magnética se crea entre el ajna y el centro de la corona, el primero sintetiza las energías de la personalidad y el segundo transmite las energías espirituales. Hay un flujo libre de energía a través de todos los chakras y de sus glándulas asociadas, entre todos los siete niveles de la conciencia y entre el alma y la personalidad. Esto nos da una salud perfecta.

Desde la primera vez que una persona comienza a meditar hasta que hay una entonación total entre la personalidad y el alma, puede transcurrir un periodo que abarque muchas vidas. Esto no debe detenernos, pues la mejora en la salud es posible en periodo corto después de comenzar el proceso de meditación. Debido al vertiginoso ritmo de vida en este planeta, el desarrollo espiritual es considerablemente más rápido comparado con los siglos anteriores. Hay un gran aumento en las posibilidades curativas.

Hasta ahora hemos hablado acerca de la sanación para la persona que medita. Pero el mecanismo utilizado por el sanador en el proceso de sanación necesita más información. Hay muchas ocasiones en que necesitamos ayuda externa para detonar el proceso de sanación y el proceso meditativo. Una persona puede necesitar una inspiración inicial y ayuda para salir de una posición en la que está tan baja de energías que no se puede ayudar a ella misma. O puede suceder que necesite inspiración y ayuda para crear una sanación mucho mayor a través del trabajo del sanador y de su paciente al mismo tiempo. Lo más común es que se necesite inspiración y ayuda para comenzar el proceso de sanación desde dentro del paciente.

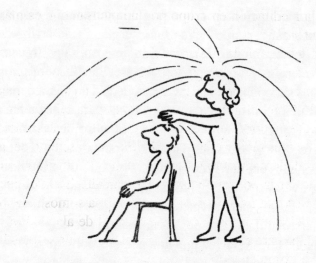

DOS ALMAS SON MEJOR QUE UNA
El sanador y el paciente se unen en sus almas en un enfoque
meditativo durante el proceso de sanación. Esto aumenta
enormemente el proceso de sanación.

Sanación en grupo

Antes de examinar el protocolo de sanación entre el sanador
y el paciente, los beneficios y la seguridad de la sanación en
grupo, se necesita hablar sobre la meditación. El efecto de la
meditación en un grupo es siempre más poderoso porque cualquier debilidad de alineación dentro del individuo está cubierta
por el efecto de otro miembro del grupo que está meditando.
Esto hace al grupo un canal mucho más fuerte para las energías
que si fuera un solo individuo. La meditación en grupo tiene
el efecto de reforzar a todos los miembros y es especialmente
útil para todas aquellas personas que son principiantes.

El líder del grupo necesita ser un facilitador o catalizador
para la experiencia del grupo si éste consiste de un número
de personas que son nuevas en esto. Muchas personas prefie-

ren la meditación en grupo porque piensan que es más fácil meditar así.

Más aún, puede que un sanador que trabaje solo vea cómo su energía es drenada por el paciente, e incluso que caiga enfermo con lo que tenía el paciente, lo cual no pasa en un grupo. Por lo tanto, el grupo es seguro tanto para el paciente como para el sanador. También es más probable que la sanación sea mucho más fácil y efectiva. El alma es consciente del grupo, la verdadera sanación siempre viene de un grupo, aunque puede ser la concentración de un sanador hacia el paciente. Una vez que nos alineamos con el alma somos receptivos a las energías curativas de todo el canal de almas. Por eso es muy útil para el sanador individual estar unido mentalmente con el grupo cuando realice una sesión curativa.

Un grupo puede realizar trabajo invaluable si sus miembros están unidos uno con otro subjetivamente para propósitos de sanación. Esto necesita ser realizado todos los días a la misma hora. Los miembros del grupo pueden trabajar con el mismo paciente un día de la semana en particular, y por lo tanto se pueden tener siete pacientes diferentes en una semana. El mismo principio se puede aplicar para muchos problemas planetarios. Por ejemplo, el grupo puede enviar energía curativa al Medio Oriente los lunes, a Irlanda los martes, a Sudamérica los miércoles, etc.

La siguiente meditación está adaptada de una forma de meditación curativa de grupo originalmente escrita por Alice Bailey para un grupo de sanadores, viene en su libro *Esoteric Healing* (*La curación esotérica*). Se puede realizar en la presencia de un grupo físico o de manera subjetiva; la he utilizado durante muchos años con muchos grupos. Ningún pensamiento o voluntad debe entrar en el arroyo de energías curativas, sólo un amor radiante y concentrado; y debemos utilizar la imaginación creativa más un sentido de profundo y firme amor.

Meditación curativa en grupo

Después de realizar rápidamente tu alineación consciente, únete con las almas de tus hermanos de grupo, y después a través de la imaginación creativa únete con sus mentes y sus naturalezas emocionales, recordando que la energía fluye. Después olvídate del grupo, y únete con el alma y el cerebro dentro de ti, juntando las fuerzas del amor en el aura y enfocándolas en la cabeza. Imagínate como un centro de energía y luz radiante. Esta luz se proyecta a través del centro del ajna. Después repite este mantra grupal:

Con pureza de motivo e inspirados por el corazón amoroso, ofrecemos nuestro ser para este trabajo de sanación. Esta ofrenda la hacemos como grupo, y para aquel al que deseamos curar.

Visualiza líneas de luz uniendo a los miembros del grupo con el paciente. Ve esas líneas moviéndose del centro del corazón del grupo hacia el centro del corazón del paciente, proyectando la energía a través del centro del ajna.

Utilizando el pensamiento dirigido, piensa brevemente en el que va a ser curado y en su problema, enfoca tu atención en el paciente para que se vuelva una realidad en tu conciencia y se acerque a ti. Después desecha todos los detalles excepto la energía del amor que se va a utilizar para sanar al paciente.

Siente un amor profundo que te cubre, una luz sustancial que puede ser manipulada para los propósitos curativos. Envíala como una corriente de energía radiante desde el centro del ajna y a través del dorso de las manos que están suspendidas a unos quince centímetros enfrente del centro del corazón del grupo. Repite lo siguiente, si es posible en voz alta:

Que el amor del alma única concentrada en este grupo irradie hacia ti, nuestro hermano, impregnando cada parte de tu cuerpo, sanando, fortaleciendo, calmando y disipando todo lo que dificulta la salud y el servicio.

El sanador

Hay muchos tipos de sanación sutil incluyendo la psíquica, la magnética, el reiki, la espiritual y la esotérica. Estos términos son utilizados a menudo muy a la ligera y algunas veces cubren el mismo tipo de técnicas y en otros casos son muy diferentes. El tipo más común de descripción que cubre todas estas categorías es cuando alguien argumenta ser un canal para las energías espirituales y que coloca sus manos en diferentes partes del cuerpo. A menudo, el sanador no utiliza la mente de forma activa y ejecuta un papel pasivo, mientras que está consciente de las energías que fluyen. Algunos sanadores realizan la sanación en un estado meditativo; otros son observados por personas que cantan a su alrededor mientras que la canalización está en proceso.

Este libro es un tratado acerca de la meditación y del uso activo de la mente en el proceso curativo. El tipo de sanación esotérica que se describe, más adelante utiliza todos los factores espirituales de la voluntad, el amor y la inteligencia. La sanación esotérica es un arte y una habilidad muy complejos. El lector que está interesado debe estudiar el libro de Alice Bailey *Esoteric Healing* (*La sanación esotérica*) para poder aprender a profundidad acerca del tema. Un número de grupos en diferentes países están dedicándose a entrenar personas en este enfoque tan detallado para sanar y equilibrar el cuerpo etéreo y los chakras.

La acción catalítica inicial del sanador o el maestro debe ser la base principal para acercarse a un sanador o seguir a un maestro de meditación. El efecto gurú distorsiona esta necesidad básica que no debe ir más allá que de un estímulo inicial para permitirle a la persona contactar su esencia interna. Este contacto puede tardar varias sesiones antes de que se realice, pero jamás se debe hacer al paciente dependiente del maestro. Se tiene que animar a los pacientes a responsabilizarse de su propia curación, y para eso necesitan meditar y alinear su personalidad con su ser superior entre cada sesión. Después de un tiempo se les pueden enseñar técnicas de sanación para que las practiquen después de cada sesión. Para el sanador es muy reconfortante trabajar con pacientes que se responsabilizan de su proceso de sanación.

Lo anterior no quiere decir que los sanadores que sólo trabajan como canales no obtengan buenos resultados. Sin embargo, sus resultados dependerán de la fe del paciente y éste no es el único factor que se requiere en un proceso de sanación aunque es uno muy importante. Sólo a algunos pacientes se les da de forma inicial la opción de la fe, otros deben de comenzar con un enfoque diferente. El canalizar también tiene el riesgo de que el paciente sea dependiente en el enfoque no crítico y no discriminatorio del sanador. En otras palabras, todos los argumentos que fueron utilizados para incluir la mente en el enfoque de la meditación son relevantes en la sanación.

El protocolo de la sanación

El sanador sigue el enfoque básico de la meditación en relación al paciente, utilizando una secuencia de alineaciones, de interludios superiores e inferiores y aterrizar las energías. Este proceso puede variar para adecuarse al paciente. La mente se utiliza activamente para incluir la discriminación o interpretación acerca de lo que está pasando en el proceso de sanación, y para seleccionar aquellos factores individuales que hace que cada sanación sea una experiencia creativa única tanto para el sanador como para el paciente.

Inicialmente, el sanador evalúa la situación del paciente para ver que medidas físicas, ya sean ortodoxas o alternativas, se necesitan llevar a cabo. Este enfoque protege al paciente que algunas veces tiene demasiada fe, tanta que sobrepasa las medidas físicas de tratamiento. Es probablemente necesario y de mucho valor para los sanadores el tener algún conocimiento de anatomía, fisiología y patología a menos que trabajen con alguien entrenado en la medicina física.

El estado psicológico del paciente es muy importante, esto nos da pistas de qué tipo de asesoría psicológica necesita para ayudar al enfoque meditativo y curativo. Tanto los estados físicos como psicológicos del paciente dan pistas importantes sobre qué chakras están alterados y necesitan ser equilibrados. Esto será visto más adelante en el proceso de percepción extrasensorial del sanador. No todos los sanadores son clarividentes, pero por lo general desarrollan algún tipo de PES (Percepción Extrasensorial) conforme van aprendiendo a utilizar las corrientes curativas sutiles. El énfasis debe ponerse en la palabra percepción. Es inútil que los sanadores observen los colores o sensaciones si no los pueden interpretar de manera correcta en relación al paciente.

La importancia de la salud interna y de la alineación en el sanador no puede ser subestimada. Estos dos factores necesitan estar presentes para beneficiar al paciente y para la protección del sanador para no contraer la enfermedad del paciente. Los beneficios de la conciencia del corazón fueron mencionados en la sección que habla del chakra del corazón. El chakra del corazón proyecta un aura magnética alrededor del cuerpo para que nada negativo, ya sea físico o psíquico, pueda ser absorbido. El sanador sabio utiliza este entendimiento como parte de la preparación para el proceso curativo.

Después de realizar un pequeño historial respecto al paciente, y de hacer algunas investigaciones sobre la salud física y psicológica de la persona (sino es que ya fue proporcionada por otro terapeuta), el sanador le explicará al paciente el proceso de sanación y de cómo el paciente puede ser parte de éste a través del desarrollo de su experiencia de meditación. Dicho proceso sirve para orientar la mente tanto del paciente como del sanador en la dirección que maximiza la curación. El utilizar música para ayudar al paciente a relajarse es un buen consejo además de que ayuda a la participación del Deva, ya que los pacientes responden muy bien al sonido. En esta época hay muchos discos de música para meditar. Mis sesiones de curación a menudo comienzan con una visualización corta en la que hablo en voz alta con los pacientes, como la que se muestra a continuación:

"Cada uno de nosotros visualicemos nuestra alma como un sol radiante sobre la cabeza. Vemos nuestras dos almas conectadas con la fuente de la sanación y con el canal de luz y de amor, el cual subyace nuestra sustancia planetaria. Ve una línea de luz fluyendo de esta luz radiante hacia la espina para que podamos aspirar energía curativa a través de todos los chakras y los centros de energía.

"Aspiramos luz y amor con cada respiración y los visualizamos fluyendo alrededor de cada parte de nuestro cuerpo físico, haciendo que nuestra naturaleza sentimental esté serena y estable, enfocándose y manteniendo tranquila nuestra naturaleza mental y nuestros pensamientos.

"Cada vez que llevamos a cabo el proceso de curación, el patrón del alma se imprime más firmemente en la personalidad. Así que pedimos que el proceso se lleve a cabo de acuerdo al plan que se tiene para el alma. Para ayudar en la sanación invocamos al Devas curativo que ayuda alegremente a producir el verdadero patrón de crecimiento dentro de nuestra forma".

Entonces el sanador se coloca detrás del paciente y hace una alineación interna a través de sus propios vehículos y chakras. Esto unirá a la mente, el alma, el corazón, la cabeza y las manos en varias relaciones triangulares, dependiendo de la constitución psíquica del sanador y del trabajo que se vaya a realizar. El lector que esté interesado y que desea estudiar este enfoque de curación a profundidad debe leer el libro de Alice Bailey *Esoteric Healing* (*La curación esotérica*), el protocolo está basado en ese libro.

En resumen, un enfoque adecuado incluye los siguientes puntos:

1. La meditación inicial o visualización breve con el paciente.
2. La alineación interna del sanador y la invocación del Devas curativo.
3. Utilizar las manos para trabajar en el campo de energía que rodea al paciente, balancear los chakras y transmitir las energías vía los chakras menores hacia los órganos asociados y los tejidos.
4. Observar qué chakras están bloqueados, cuáles están sobreestimulados y el estado del campo etéreo en general.
5. Volverse receptivo hacia el estado interno del paciente para poder entender la causa interna de cualquier problema.
6. Un balanceo final de los tres pares de chakras, corona y base, garganta y sacro, corazón y cabeza.
7. Sellar el aura del paciente y la del sanador.

A través del proceso de curación, lo que produce un efecto duradero es la alineación del sanador con el ser superior del sanador y con el del paciente. Éste es el factor más importante, ya que detona el proceso curativo desde dentro del individuo y lo ayuda a obtener su propia alineación interna. Es este estado meditativo el que si se invoca en el paciente le da un sentido de gran paz interna y de serenidad y proporciona el ímpetu para que continué con el proceso meditativo entre cada sesión.

Se tiene que hacer notar que el sanador está tomando un enfoque que involucra tanto a la cabeza como al corazón. La mente del sanador está alerta y nota a la energía fluir, el estado de los chakras y las impresiones interpretativas recibidas de parte del paciente. Al mismo tiempo el sanador permanece en una alineación meditativa profunda y en una entonación con su alma. Este enfoque puede involucrar, por ejemplo, dos triángulos entre el alma, la mente y el corazón, y otro entre la cabeza, el corazón y el ajna. El flujo curativo entonces avanza hacia el paciente por medio de la dirección del alma, el corazón, la cabeza (ajna) y las manos.

La respuesta de los pacientes puede variar. Todos tienen la experiencia de la relajación, la serenidad y la paz. Algunos se duermen; otros parecen estar dormidos, pero están conscientes del proceso curativo. A veces reportan ver colores en su campo visual, que fluyen alrededor de ellos mientras sus ojos están cerrados. Otros tienen visiones de personas, o de imágenes simbólicas que son presentadas por el ser superior del paciente para resolver los problemas en sus vidas. Puede haber experiencias de calor, frío y movimiento de las energías que fluyen. Inicialmente, muchos se dan cuenta de los bloqueos que hay en diferentes partes de su cuerpo que conforme va avanzando el proceso curativo son liberadas.

Es importante que se le permita al paciente salir del estado meditativo de forma gradual, y a veces es necesario que se realice una pequeña visualización para ayudar al paciente a regresar a la realidad. Esto concluye con una respiración profunda y un estiramiento. El tiempo de curación abarca más o menos veinte minutos, lo cual concuerda con el tiempo recomendado para la meditación. Cualquier periodo más largo puede mezclar y agitar las energías en el paciente de manera muy fuerte, mientras que un periodo muy corto, no le va a permitir sentirse en paz.

Inicialmente, una sesión por semana será suficiente, cuando el paciente esté meditando de forma regular y haya mejorado, las sesiones se reducen a una vez cada dos semanas, tres semanas y por último una vez al mes. El siguiente caso es una historia de mi propia experiencia, la cual ilustrará algunas de las áreas cubiertas por esta sesión.

Lynette

Lynette está llegando a los cincuenta años. Su vida ha sido un reto en muchos sentidos. Su esposo murió y ella se quedó con sus hijos, ha enseñado yoga, a manejado una funeraria, y su último trabajo fue el de gerente en un restaurante. Las largas horas de trabajo y el estrés pueden haber hecho que el sistema inmunológico de Lynette fallara, y se le diagnosticó leucemia mieloide crónica en el año 1989. Las glándulas linfáticas del cuello de Lynette aumentaron de tamaño y por lo tanto tuvo que tomar quimioterapia. Esto ha sido combinado con terapias naturales incluyendo hierbas limpiadoras, vitaminas, minerales y vitamina C intravenosa.

Cuando Lynette vino para un tratamiento naturopático, comentó que siempre había estado interesada en las energías esotéricas y que había realizado un poco de meditación y de sanación. Por lo tanto estaba abierta a la idea de la sanación esotérica y como se encontraba exhausta necesitaba ayuda externa. Sus energías eran tan bajas que en un principio se dejó de lado la idea de equilibrar los chakras, pues literalmente no había energía con la cual realizar el equilibrio. El chakra base era totalmente deficiente y su restauración era imperativa, ya que está relacionada con la voluntad de vivir. La primera parte de este proceso curativo que duró varias semanas fue llevar la energía externa por medio de los triángulos pránico y de la vitalidad, antes de realizar cualquier equilibrio.

Durante la sesión curativa Lynette entró en un estado de meditación y estaba muy consciente del Devas curativo. Dependiendo del trabajo que se estaba realizando, ella veía diferentes colores en diferentes días, incluyendo rosa, morado, azul, dorado y verde. En los días en que su energía necesitaba más ímpetu experimentaba mucho rojo y dorado. Parte del proceso curativo en su caso involucraba la descongestión y la sanación del sistema linfático e inmunológico; Lynette estaba muy consciente de la energía dorada que trabaja en el cuello y en las glándulas linfáticas.

Muchas veces los pacientes van a necesitar una atención especial referente a algún problema psicológico. En el caso de Lynette se dio cuenta de que necesitaba encontrar una expresión de vida y una intención que le dieran una verdadera razón para vivir en un sentido creativo. Sus trabajos anteriores eran para sobrevivir económicamente, en vez de ser salidas para su creatividad. Es muy fácil para Lynette que tiene un gran interés en las energías subjetivas perder el interés en el mundo exterior, y esto también se debe en gran parte a la deficiencia encontrada en el centro base. Este centro todavía tiende a ser su punto débil. Será corregido cuando finalmente pueda aterrizar sus energías en una razón reconfortante y gratificante para vivir.

Rhonda

Rhonda tiene casi cuarenta años. Ella llegó con un caso de alergia con muchas sensibilidades hacia la comida y el medio ambiente. Se inclinaba a reaccionar de una forma no adecuada incluso a los medicamentos naturales como hierbas y vitaminas y en ese momento estaba tomando unas gotas para quitar la sensibilidad que un experto le había recetado. Estas gotas la hacían sentirse mejor, pero la vida seguía siendo una carga considerable en términos de agotamiento e hipersensibilidad. Había ido con muchos especialistas y terapeutas y creía que nadie podía ayudarla. Así que su meditación conmigo comenzó de una forma negativa.

La paz y la serenidad experimentadas en su primera sesión curativa le dieron ánimos. Algunas veces Rhonda tenía experiencias psíquicas muy vívidas que apuntaban hacia el desarrollo de una estabilidad interna y la solución de varios problemas. Una experiencia la involucraba a ella en presencia de un niño pequeño que lloraba porque necesitaba que le acariciaran el cabello y que se transformó con el amor y atención recibidos. Esto fue interpretado por ambas como que ella necesitaba más amor y compasión de ella misma.

En otra ocasión se vio como parte del desierto, y se enfocó particularmente en una gran roca. El desierto representaba un lugar árido para ella, pero en esta ocasión la roca simbolizaba que su ser espiritual estaba aterrizado y que tenía una estabilidad que continuaba creciendo. La cualidad viviente de la roca era indicada por la calidez que experimentaba con los rayos del sol. La calidez también representaba su habilidad de sentir las corrientes curativas a pesar de la solidez de la roca.

Durante algunas sesiones Rhonda experimentaba ser el punto de atención de las corrientes curativas que llegaban de muchas direcciones y sentía que fluían ligeras tanto hacia dentro como hacia fuera de ella. Veía muchos colores y en algunas ocasiones significativas veía un rojo rubí muy profundo.

En el caso de Rhonda su garganta había sido el foco de atención en un gran número de sesiones curativas. La garganta es la salida principal de las expresiones creativas y no era de sorprenderse que sobresaliera en las sesiones de Rhonda, ya que la frustraciones son una de las experiencias de vida más comunes para ella. Al trabajar con Rhonda mi meta ha sido que ella perciba su hipersensibilidad no como una enfermedad sino como parte de su viaje que incluye poder ser capaz de utilizar su sensibilidad hacia las energías en una forma creativa y positiva.

Rhonda comenzó a meditar a diario y descubrió que esto era muy reconfortante. Tiene periodos más largos en los que puede consumir comida que antes le daba problemas y su sistema digestivo se ha acoplado un poco más. Se ve menos afectada por lo que antes eran medios ambientes nocivos, se siente emocionalmente más estable, se siente menos atemorizada por sus estudios y experimenta más a menudo una sesión de bienestar.

Al evaluar el progreso del paciente, el sanador tiene que llevar a cabo una revisión de varios meses y después compararla con cómo estaba su vida un año atrás. Esta forma de realizarlo nos da un espectro más amplio que cuando comparamos semana tras semana y a veces nos topamos con algunos reveses. Se tiene que tomar la misma actitud cuando revisemos los efectos de la meditación.

John

John tenía una enfermedad motora neuronal. En contraste con las dos personas anteriores él jamás había meditado o se había interesado por lo esotérico. Su enfermedad era seria, involucraba el sistema nervioso central con una pérdida gradual de la coordinación motriz y de la función, llamado esclerosis múltiple. La enfermedad progresó rápidamente; John tenía muy poca coordinación del habla cuando llegó a la clínica con su esposa para que le diéramos tratamiento neuropático. Desde el principio se le sugirió que combináramos el tratamiento con la curación esotérica, y por un periodo de algunos meses John vino semanalmente a sus sesiones curativas.

Éste es un caso diferente puesto que desde el principio sabíamos que no había una cura física. La meta era hacer que John se sintiera mucho más cómodo y prepararlo para la transición inevitable que es la muerte.

Un aspecto importante del proceso curativo es la preparación para la muerte y es uno de los objetivos principales del sanador. Éste es un trabajo muy gratificante, ya que remplaza el miedo y la negatividad conforme se acerca la muerte por un sentimiento mucho más sereno e incluso más alegre.

Proporciona un enfoque mucho más positivo en donde el individuo hace una preparación interna que puede hacer de la muerte una experiencia muy especial en la cual el individuo se libera y sale hacia las nuevas experiencias. También es de mucha ayuda para la familia estar en contacto con un sanador y participar en la preparación de su ser querido para que pueda realizar una transición mucho más pacífica. Frecuentemente, esta preparación es más importante para aquellos que se quedan que para el que se va.

En el caso de John la sanación parecía mantenerlo en buena salud dentro de lo que cabe. Por ejemplo, uno de sus problemas principales eran las caídas constantes y a menos de que alguien estuviera ahí él no se podía levantar. Cuando estuvo realizando las sesiones casi no tuvo caídas. El beneficio más grande tanto para él como para su esposa fue la paz recibida. John no tuvo ninguna experiencia en particular excepto que sentía el flujo de energía en particular en su brazo izquierdo.

Una semana antes de su última hospitalización, yo estaba consciente de que John había tenido un gran cambio, y esto involucraba el retiro parcial del hilo de la vida etérea del corazón mientras su alma lo preparaba para la transición. Después de que lo hospitalizaron tuvo un rápido deterioro y dos meses después murió. Durante este periodo la sanación continuó en su ausencia.

Ángela

Era otra paciente. Tenía un caso severo de alergia. Durante algunos meses se había aislado de la ciudad retirándose unos 50 kilómetros y sólo toleraba unos cuatro o cinco alimentos. Nunca iba a ninguna parte sin una máscara y estaba al borde del colapso nervioso con estrés tanto por su estado físico como por la ruptura de una relación de varios años. Había ido a varios terapeutas a lo largo de los años. Tanto alternativos como ortodoxos. Cuando la vi bajar de su auto con esa máscara y con una botella de agua filtrada me puse a pensar qué era lo que se podía hacer por ella.

Comenzamos la sesión con una meditación con la cual Ángela se relajó; pero se serenó aún más cuando el proceso de curación comenzó. Se le dio una cinta con la meditación y la llevó a cabo exitosamente en su casa. Al describir su reacción en la primera sesión, Ángela dijo que no había recibido esperanza alguna por parte de los demás terapeutas incluso de uno que supuestamente se dedicaba a la sanación espiritual. Por primera vez, después de nuestra sesión inicial, sintió esperanza y esto le dio el ímpetu para continuar.

Es interesante ver qué es lo que le dio esperanza. Al igual que ella, yo no tenía muchas expectativas cuando me topé con su estado tan miserable y me pregunté si realmente podía ayudarla. En el mejor caso, estaría en un estado neutral. Recuerdo que pensé que lo mejor era fortalecer la unión entre su alma y su personalidad, la cual estaba sufriendo. Algo en la personalidad de Ángela aceptó la invitación del ser superior. Después de unos meses dijo que sentía más fuerza y solidez y que tenía una sensación de síntesis que iba creciendo. Después de las primeras semanas su cara se veía muy diferente y toleraba más alimentos, manejaba sin su máscara y estaba pensando en regresar a vivir a la ciudad.

Aunque Ángela todavía experimentaba dificultades, las personas comenzaban a preguntarle qué era lo que había cambiado porque se veía mucho mejor. Algunas personas, incluyendo su ex novio no la reconocían, y esto se debía a su nuevo bienestar. Ella sintió que algunos de sus conocidos se sentían incómodos con su nuevo estado, y esto puede pasar cuando las personas se han acostumbrado a alguien que había perpetrado un modelo de enfermedad. Después de otros meses de meditación decidió regresar a la universidad y continuar con sus estudios; aunque se topó con mucha resistencia dentro de sí misma para escribir sus ensayos, pudo lograr hacer un buen trabajo.

En términos del equilibrio de los chakras, las áreas más problemáticas eran el centro sacro y el de la garganta. Ángela vio más avances cuando vio mejoras en ciertas alteraciones menstruales. Los cambios en su centro de la garganta se hicieron notar cuando su habilidad para expresarse creció a través de sus ensayos. Ángela ha pasado por muchos problemas en el medio ambiente de su hogar, y esto la ha dejado con muchos problemas emocionales que en ciertos momentos han bloqueado su trabajo meditativo y de vida. La mandé con otro terapeuta para unas cuantas sesiones. Él estaba entrenado en la terapia Gestalt, lo cual sí ayudo a Ángela. La terapia Gestalt trata de unir las partes de la personalidad que están aisladas.

El valor del proceso curativo a través de la meditación no es tanto lo que el paciente experimenta durante la sesión, sino los efectos positivos que tiene en su vida. Ángela no experimentó ningún fenómeno psíquico excepto por los sentimientos de serenidad, pero hubieron muchísimas mejoras en su vida. Ha tenido recaídas ocasionales como intolerancia tanto a la comida como al aire contaminado. Sus recaídas son el resultado del estrés de la vida universitaria, pero comparado con su vida anterior, hay mucha mejoría.

En resumen, la meditación no puede ser separada de la meta de lograr la unión en un todo o de la curación. Esta sanación ocurre cuando el flujo de la energía de la persona es restaurado a través de los niveles de su ser. Esto remueve los bloqueos en los niveles, físico, emocional y mental. La integración de la personalidad y la alineación con el alma van de la mano con el proceso de curación. La curación en su máxima expresión es cuando la personalidad acepta y transmite las energías de los niveles átmico, búdico y mental superior de nuestro ser.

Algunas veces el proceso meditativo que se tiene hacia la sanación necesita ser detonado por una persona que actúa como sanador. Las sesiones curativas necesitan ser reforzadas por el paciente y lo puede hacer tomando la responsabilidad, entre cada sesión, de alinear su propia esencia curativa o alma con una meditación cotidiana.

En este capítulo que habla de la sanación, se han mencionado a nuestros ayudantes, el Devas, en el proceso curativo. Para tener éxito en la meditación o en el área curativa no es esencial aceptar la existencia del Devas o invocarlo. Para aquellos que pueden abrir sus mentes para encarar la responsabilidad de un reino en la naturaleza paralela a la humanidad, el siguiente capítulo puede serles de gran ayuda puesto que habla al respecto.

Capítulo 12

LOS DEVAS - NUESTROS AYUDANTES PLANETARIOS

Aquellos lectores que son osados en sus pensamientos van a disfrutar este capítulo. El objeto del reino Deva no ha sido explorado en muchos libros de meditación. He descubierto en mis enseñanzas y leyendo sobre meditación y otros temas relacionados que muchas personas piensan que este tema es profundo e interesante.

Uno de los temas persistentes en este libro son los aspectos positivos y negativos del universo. Hemos hablado de este tema en términos del enfoque místico y ocultista de la realidad, del Oriente y el Occidente, del Yin y el Yang, y en el temperamento del introvertido y el extrovertido. El tema vuelve a surgir en este capítulo en términos de otra corriente evolutiva paralela a la humanidad, llamada Deva o reino de los ángeles. En este contexto la humanidad es vista desde un aspecto masculino y positivo, y el Devas como pasivo y femenino. Cada reino es igual de importante y cada uno tiene un papel definitivo para representar en el proceso planetario creativo.

Devas, un término sánscrito que significa el que brilla. El reino Deva puede ser entendido como un reino paralelo al reino humano y que se une a él en un nivel del plano búdico. Las enseñanzas esotéricas implican que cada reino tiene una línea de desarrollo particular. Estas líneas se mezclan eventualmente cuando se alcanza una conciencia búdica. Los reinos Deva y humano trabajan juntos a través de su desarrollo evolutivo, aunque lo hacen inconscientemente por mucho tiempo.

Ángeles, los Devas en el Occidente

Será muy extraño que no hubiera ninguna referencia hacia los Devas en la historia occidental, la mitología o la literatura. El término más utilizado en la literatura religiosa es ángeles. Tanto el Viejo como el Nuevo Testamento frecuentemente se refieren a estos seres. La palabra hebrea más común para ángel significa mensajero. Las funciones de estos mensajeros es transmitir la voluntad de Dios a los hombres, anunciar eventos especiales y proteger a los creyentes.

En el Viejo Testamento un ángel indica a Moisés lo que significa la zarza ardiente (Éxodo 3:2), escoltan a los israelitas a través de la naturaleza salvaje (Éxodo 23:20-23), ponen una nube entre ellos y los egipcios en el mar rojo (Éxodo 14:19), y alimentan a Elías en el desierto (1 Reyes 19:5). También aparece en el Viejo Testamento que los ángeles aparecían junto a pozos de agua y árboles de roble (Génesis 16:7 y 18:1), junto a árboles de retama (1 Reyes 19:4), y junto a arbustos de espinas que se estaban incendiando (Éxodo 3:2). En los libros de la Biblia conocidos como Apocalipsis, los ángeles eran vistos no sólo como los mensajeros o agentes de eventos particulares sino como los espíritus que controlaban los fenómenos naturales como lo son los elementos.

En la Biblia se utilizaban motivos muy familiares a los del folclor de otras culturas para describirlos. En el folclor los ángeles aparecían como sinónimo de los demonios, hadas y trols, duendes o gnomos.

En el Nuevo Testamento los ángeles continúan con su expresión tradicional. Un ángel le advirtió a José que tenía que salir de Egipto junto con María y el Niño Jesús (Mateo 28:2), un ángel animó a Jesús en la montaña de los olivos (Lucas 22:43), y un ángel retiró la roca de la tumba de Jesús

(Mateo 28:2). El libro de las Revelaciones reconoce que hay un orden especial de los siete espíritus llamados arcángeles (Revelación 1:4). En las enseñanzas esotéricas los siete espíritus se entienden como seres angelicales de un orden superior. Otros seres especiales mencionados en el mismo libro son los arcángeles Ezequiel, Rafael, Miguel y Uriel, quienes se dice que presiden sobre las cuatro esquinas del mundo.

Según las escrituras se puede creer que el reino angelical tiene muchos niveles y esto concuerda con las enseñazas esotéricas acerca del reino Deva o angelical. Tal como la humanidad desarrolla su conciencia y evoluciona a través de formas sutiles también lo hace el reino Deva.

Nuestro actual interés por conocer más acerca de las ballenas y los delfines nos indica que estamos creando una conciencia en la que aceptamos que hay otros seres, además de la humanidad, que demuestran tener inteligencia y amor. Las ballenas y los delfines pueden ser la forma superior del cuerpo físico que pueden utilizar en el reino Deva, y la actual comunicación que está siendo establecida por la humanidad con estas criaturas marinas puede ser significativa. La inteligencia y los hábitos de los delfines y las ballenas indican que esas criaturas manifiestan un sentido de cuidado y responsabilidad que va más allá del mero instinto.

Se tiene que hacer una distinción entre Devas, que están individualizados y por lo tanto entran dentro del arca evolutiva, y aquellos seres no evolutivos que forman la sustancia de nuestros cuerpos astrales, físicos y mentales. Los Devas individualizados son denominados como los constructores y en conjunto con la intención del alma, construyen diferentes cuerpos de un individuo que encarna (ver la sección que habla sobre reencarnación más adelante en este capítulo).

Las enseñanzas esotéricas explican que la humanidad evoluciona al aprender a controlar la sustancia Deva en los vehículos mentales, astrales y físicos, en tanto que el Devas aprende mientras es controlado. Se nos ha dicho que la humanidad está aprendiendo el sentido de la visión interna, mientras que el Devas está aprendiendo el sentido de la audición interna. Mientras la humanidad aprende a controlar la sustancia Deva, la evolución de la humanidad está acelerada. A su vez, el Devas que trabaja bajo la dirección humana mejora las formas que son habitadas por la humanidad.

Como se mencionó antes, el vehículo astral necesita ser controlado antes de que se integre la personalidad. Éste es un buen ejemplo de cómo la humanidad tiene que aprender a controlar la esencia Deva. Los vehículos mentales, astrales y físicos de la humanidad son llamados elementos lunares para distinguirlos del alma que simbólicamente está ligada al sol. Los elementos lunares o sustancia Deva están en el arco evolutivo, aunque nuestra conciencia humana está más arriba en este arco. El Devas constructor, que construye los vehículos, está siempre en el arco evolutivo.

El Devas está asociado generalmente con la forma de la naturaleza y ésta es la razón por la que son clasificados como femeninos. Como se ilustró previamente, el Devas proporciona los vehículos mentales, astrales y físicos para que se dé la conciencia positiva de un individuo. Al controlar esa forma particular, controlamos la esencia Deva involucrada con nuestros vehículos mentales, físicos y astrales, y proporciona un estímulo a su evolución.

Si pensamos en una persona cuyas emociones están fuera de control, claramente vemos que la persona no controla la esencia del Deva. Por otra parte, la supresión de los sentimientos no es tener control. Si pasa esto entonces no estamos en contacto con nuestros sentimientos o con la naturaleza astral hasta que ocurre la inevitable explosión destructiva. La transmutación de la naturaleza astral libera la esencia del Deva de forma correcta.

La transmutación se logra entendiendo el proceso no como un ejercicio intelectual sino como una combinación de pensamiento reflejo y un proceso de meditación que nos trae luz al alma en la naturaleza astral. El vehículo astral con su vida dévica se libera de una compulsión para reaccionar de forma negativa.

La primera literatura popular que se divulgó masivamente y que habla sobre la cooperación entre el Devas y la humanidad vino de la comunidad de Findhorn, en Escocia. En un área inhóspita azotada por los vientos de la costa, Hielen y Meter ACDI y el resto de su familia, junto con Dorothy Maclean, establecieron un jardín con los vegetales más grandes y enormes flores, en un terreno que había sido considerado como una tierra en la que no se podía cultivar absolutamente nada. Lograron eso gracias a que siguieron las indicaciones de Dorothy en la meditación. Subsecuentemente la comunidad se hizo muy famosa por los lazos que existían entre la comunidad y el Devas. Si deseas saber más sobre esta comunidad lee el libro *The magic of Findhorn* (*La magia de Findhorn*) de Paul Hawken.

Se sabe que en la tierra en lugares como el bosque, los lagos, las montañas, etc., hay vibraciones de la presencia de Deva. El escritor teosófico Geoffrey Hodson escribió un sinfín de libros ilustrados acerca de este tema, en los cuales describe el Devas con gran lujo de detalle desde un punto de vista clarividente que desarrolló de forma espontánea mientras se recuperaba de la Primera Guerra Mundial. Después de su muerte su esposa recopiló más ilustraciones sen un libro en las que relaciona el Devas con diferentes tipos de música.

Los Devas y el proceso de encarnación

No hay más cooperación entre el individuo y el Devas que cuando se está dando el proceso de encarnación. El Devas construye la forma y el individuo que está reencarnando provee el bosquejo para los nuevos vehículos. Para entender la filosofía de la reencarnación necesitamos considerar el concepto de alma.

El alma es nuestra esencia interna permanente que se forma cuando la conciencia entra del reino animal al humano durante el proceso llamado individualización. Antes de esta etapa la conciencia instintiva del reino animal se encapsula en un grupo de almas. Cuando una especie particular de animal, como el perro o el gato, logran la domesticación a través de la influencia humana, el grupo de almas se vuelve más y más especializado en su respuesta hacia los impactos desde dentro y de afuera.

Durante ciertas etapas evolutivas en nuestra vida planetaria un gran número de animales dieron un paso atrás en su desarrollo mental y de la conciencia: aparentemente; los cambios evolutivos en el desarrollo forman un reto interesante para la teoría darwiniana. Este tema es explorado en el libro *The Presence of the Past* (*La presencia del pasado*) de Rupert Sheldrake.

El alma es la unión entre espíritu y materia y nos da una conciencia de nuestro propio ser, tanto individual como en los tres planos inferiores del universo. Por lo tanto tiene el potencial de ser un creador en estos tres mundos. Muchas vidas necesitan que el alma junte y desarrolle las cualidades de cada encarnación, antes de que se lleve a cabo una vida realmente creativa. Cientos de vidas se necesitan para que la personalidad humana se desarrolle hasta llegar a ser un espíritu perfecto. Durante este tiempo el Devas es nuestro compañero que laboriosamente construye la forma en los planos internos, de acuerdo con el bosquejo que está condicionado por nuestras vidas previas.

Es en el alma humana en donde podemos ver a la meditación como el esfuerzo más creativo en nuestro planeta. El alma humana está en un estado de meditación refleja a través del cual pasan nuestras cientos de encarnaciones. La creación de nuestra personalidad, conformada por tres partes, es nuestra actividad creativa principal durante mucho tiempo hasta que logramos alcanzar un estatus adecuado o una fuerza del alma correcta para trasladar la actividad hacia el medio ambiente. En principio, nuestra personalidad está condicionada por nuestras vidas anteriores, a tal grado que los Devas físico, astral y mental construyen nuestras personalidades dentro de un patrón kármico preestablecido, lo que nos deja muy pocas decisiones.

El mecanismo para la reencarnación opera de la siguiente manera. Hay tres átomos permanentes dentro del alma o cuerpo casual que corresponden a los tres niveles de la vida de la personalidad, el físico, el astral y el mental. Cuando el alma genera el impulso para encarnar, el átomo mental es activado primero y el Devas de la sustancia mental construye un nuevo vehículo mental de acuerdo con la frecuencia vibratoria y las impresiones guardadas en el átomo mental de otras vidas y encarnaciones pasadas. El cuerpo mental nuevo está compuesto virtualmente de la sustancia Deva en el arco evolutivo y es manipulado por el Deva evolutivo en un nivel mental. Hay una cooperación entre la reencarnación del alma y el Deva en proporción directa al desarrollo evolutivo del alma en cuestión.

Cuando el cuerpo mental está casi construido, el átomo astral permanente comienza a vibrar y el Devas astral comienza a construir un nuevo cuerpo astral para la siguiente encarnación. El mismo mecanismo que se utiliza para el cuerpo mental ocurre, y las etapas se superponen hasta cierto punto. El átomo etéreo permanente es el siguiente en acelerarse bajo el impulso del alma, y los Devas apropiados de ese nivel son atraídos automáticamente por la vibración.

El alma encarnada en las primeras etapas es atraída automáticamente hacia los padres, quienes van a proveer el cuerpo físico y las experiencias del medio ambiente junto con el karma o las influencias condicionantes de la nueva encarnación. Conforme el alma se va volviendo más desarrollada es capaz de tomar más decisiones libres acerca de su medio ambiente, incluyendo sus padres. La lógica de este proceso es que rinde cuentas para las grandes diferencias que existen entre el físico, la mente y la suerte de los individuos.

El trabajo del Devas en el universo es pasivo, su trabajo está siendo dirigido por medio del reino humano. El Devas desarrollado coopera felizmente en su trabajo. Tal vez es un punto clave de nuestra vida que la humanidad, diferente del reino Deva, tiene la libre elección de cooperar o no en el proceso evolutivo. Las diferencias en la conciencia entre las dos corrientes evolutivas son aparentes cuando vemos que los delfines y las ballenas no son agresivos entre sí y están conscientes de la convivencia en grupo. Parece aparente que sin importar lo que la humanidad le haga a los delfines y a las ballenas, no generan un odio hacia los humanos y que constantemente nos sorprendemos por su gentileza, su inteligencia, su cuidado y esa conciencia amorosa que muestran en sus respectivos reinos.

Para explicar el misterio de las dos corrientes de vida, uno debe considerar que es el destino de la humanidad ser creadores en los tres mundos, y esto nos lleva a tener el poder de destruir. No podemos tener un poder sin el otro. Se cree que la desaparición de la Atlántida se debió a la avaricia y la codicia de esa civilización. Se practicaba la magia, para que se pudiera contactar fácilmente al Devas. Se volvieron los esclavos de la humanidad satisfaciendo todas sus peticiones.

Si eso es verdad, no hay por qué sorprenderse de que sea hasta que se lleve a cabo el desarrollo mental que obtengamos el derecho de cooperar activamente con el reino Deva otra vez. El experimento de Findhorn y el trabajar con ballenas y delfines pueden ser un signo de que ahora podemos funcionar de manera más responsable con el reino Deva.

Ahora tenemos la oportunidad de convertirnos en creadores en un giro superior de la espiral y recrear el mundo que hemos destruido parcialmente a través del uso indebido de nuestra mente a lo largo del último siglo sobre todo con el gran desarrollo científico. Esta manipulación del medio ambiente ocurrió antes de que hubiéramos aprendido lo suficiente, tuviéramos la sabiduría adecuada y la responsabilidad de actuar en beneficio de todos. Vamos a discutir más acerca de recrear el planeta en otro capítulo más adelante, pero primero vamos a regresar al Devas.

Los Devas en el proceso de meditación

Se ha mencionado que podemos experimentar un desasosiego si nos aceleramos a meditar y qué tan alterada se puede ver nuestra personalidad. Ahora podemos entender por qué. La sustancia del Deva que compone nuestros vehículos es una sustancia sin principio en la arca evolutiva. Cuando hablamos de actuar en principio queremos decir que estamos respaldando un valor en particular. Cuando los esoteristas hablan acerca de los vehículos mentales, astrales y físicos que están compuestos de una sustancia sin principio, quieren decir que de los siete niveles del universo estos tres niveles inferiores son materiales. Esto quiere decir que aunque la sustancia astral y mental es increíblemente sutil comparada con el mundo de nuestros sentidos, sigue siendo un sujeto para definir la forma y por lo tanto el tiempo, el espacio y la mortalidad.

Como reserva de la sustancia Deva no evolutiva, los tres planos inferiores son pasivos o femeninos en la naturaleza. Algunos mitos y leyendas acerca de la diosas madres residen en la noción, con la capacidad de la figura materna (forma) que devora al hombre incauto (espíritu). La tarea primordial del reino humano es, como un grupo espiritual creativo (y no de hombres en particular), controlar y liberar la vida en los tres planos inferiores. Esta tarea se lleva a cabo primero controlando la sustancia Deva de nuestros vehículos, físico, astral y mental. Habiendo completado de manera exitosa esta tarea, entonces estamos en una posición para poder ayudar a transmutar la sustancia en nuestro medio ambiente de tres partes en cualquier esfera que trabajemos.

La meditación es un medio por el cual podemos comenzar el proceso de transmutación dentro de nuestra propia naturaleza. La primera reacción de nuestra naturaleza astral en particular es rebelarse conforme la sustancia del Deva o sentido elemental siente una amenaza hacia la autonomía de su existencia. Lucha por el derecho de mantener el *status quo* en el que nos controla y no al contrario. La derrota de los elementos lunares (sustancia no evolutiva que compone nuestros vehículos) por los Señores solares (los seres individualizados que sí evolucionan) es el triunfo de la luz sobre la oscuridad en el sentido de nuestra personalidad de tres partes convirtiéndose en un receptáculo de luz del alma.

El establecimiento de una salud perfecta es el resultado de la victoria del alma, ya que una enfermedad es ocasionada por la disrupción del alma y la personalidad o por la falta de alineación entre el alma y el cuerpo físico, los sentimientos/ naturaleza astral y la mente. En el proceso de la meditación primero integramos los aspectos físico, astral y mental de nuestra naturaleza y después integramos la personalidad como un todo junto con el alma. El siguiente paso es integrarnos con nuestro medio ambiente, lo podemos hacer sirviendo al medio ambiente de alguna forma positiva en respuesta a alguna necesidad.

El reino Deva está íntimamente relacionado con nuestro desarrollo y nuestra evolución. En cada nivel de nuestro crecimiento y de nuestra expansión estamos trabajando con la sustancia Deva en los tres mundos. El punto clave del Devas es la felicidad, y ellos y los seres humanos son felices co-creadores en el universo. Los muchos niveles en el reino Deva abarcan desde seres elementales que no evolucionan y que tienen que ver con la vida en el reino mineral, vegetal y animal. Los Devas más evolucionados son las esencias Deva fogosas que tienen que ver con el cuerpo del alma y que más allá de esto son los grandes Devas de los planos superiores que están asociados con los grupos de individuos, con la sanación de las naciones y con la creación a gran escala.

El papel de los Devas en los rituales

Hemos hablado acerca de la cooperación de la humanidad y el reino Deva, especialmente en el proceso de encarnación, y en el papel que desempeña el Devas cuando trabaja con reinos inferiores al humano. La ciudad de Findhorn fue mencionada como un ejemplo de cómo estamos siendo animados para cooperar con el Devas y producir formas superiores en el reino vegetal. La vida Deva ha sido representada tradicionalmente en el trabajo de los rituales mágicos, incluyendo los dos rituales occidentales más reconocidos, que son los sacramentos de la Iglesia y la masonería. Hasta la llegada de los escritores teosóficos, como C.W. Leadbeater y G. Hodson, el conocimiento que se tenía del mundo Deva durante los rituales no era discutido abiertamente. Estos dos hombres, ambos con facultades clarividentes altamente desarrolladas, eran escritores prolíficos de cómo el ritual daba una oportunidad para que hubiera una cooperación entre el reino Deva y el humano. Han descrito a detalle el sutil edificio o templo que fue construido durante un ritual y que forma el vehículo para la diseminación de la energía de vida hacia aquellos que están involucrados en el ritual. Las palabras dichas durante el ritual pueden ser expresadas por un sacerdote y su congregación o por un masón que provee las direcciones para que los Devas realicen la creación del edificio o de la forma.

Muchos otros clarividentes que están involucrados con los rituales han añadido su testimonio verbal a las investigaciones de Leadbeater y Hodson. En el presente dependemos de las experiencias subjetivas, ya que obviamente no son instrumentos objetivos con los que podamos medir los efectos ocultos de un ritual.

Las personas que son atraídas hacia los rituales probablemente son subjetivamente sensibles a la vida Deva en sus diferentes formas. Esas personas pueden sentir y trabajar con las energías etéreas que son el campo de la expresión inferior de la vida Deva. Otras personas, que no se sienten particularmente atraídas hacia el ritual, son llevadas a esos lugares en la naturaleza que parecen estar asociados con una gran vitalidad y una energía de vida. Éstos son los tradicionales cazadores de Devas, e incluyen montañas, lagos, cascadas y bosques.

La sensibilidad y las medidas de seguridad a la hora de contactar a los Devas

El folclor celta en particular, y ciertas áreas del Reino Unido, como Gales e Irlanda, tienen miles de historias acerca de hadas. Las hadas se encuentran en el nivel de vida del Deva que corresponde a las formas de plantas y animales. La meditación hace que las personas sean más sensibles a esas influencias y muchas personas que meditan se vuelven familiares con el sutil rol que desempeñan nuestros colegas en el reino Deva. Las formas son vistas y sentidas como formas mucho más etéreas que las formas típicas humanas y son de diferentes tamaños y configuración.

La forma del Devas puede ligarse a una prenda de colores que fluyen que pueden variar de acuerdo al tipo de Deva y a su hábitat. Una cara con líneas muy sutiles por lo general va a tener como rasgo principal los ojos.

Los niños con su mente menos estructurada son más susceptibles a la influencia del Deva, y muchos padres han sido informados acerca de los amigos invisibles de sus hijos. Desafortunadamente, la ignorancia llega a eliminar esta sensibilidad y el niño aprende que no es aceptable expresar estas experiencias e impresiones. Gracias a la literatura de material esotérico, estos niños ahora están siendo liberados de este ridículo al que se les exponía.

Las enseñanzas esotéricas sugieren que debemos ser muy puros en el motivo antes de contactar deliberadamente el reino Deva. Esto es para salvaguardar los vehículos de una estimulación excesiva en nuestro contacto con el Devas, debido a la resonancia de la esencia del Deva con nuestros vehículos. Una vez que los tres chakras superiores están desarrollados y las fuerzas de los que están debajo del diafragma han transmutado, estamos a salvo de una sobreestimulación de los chakras inferiores. Se ha mencionado la Atlántida, en donde el chakra del plexo solar estaba sobreestimulado por los deseos que esclavizaban al Devas para complacer sus deseos. La práctica establecida de los rituales en la Iglesia y la masonería o una meditación apropiada nos permite un contacto seguro con el Devas.

Estos pensamientos están repetidos en las historias que han sido actuadas en ballet y opera y que sugieren los peligros del contacto de los humanos con el reino Deva. Estas historias a menudo involucran a un hombre que cae enamorado de una sílfide o hada de otro mundo y que algunas veces renuncia a la vida física por cruzar permanentemente la frontera entre los dos mundos. Algunas veces, se dan instrucciones estrictas al hombre acerca de cuándo puede cruzar de manera segura, y por lo general la tentación es tan grande que no sigue las instrucciones. De forma alterna, el hombre enamorado añora a la sílfide desaparecida.

Tal vez el ballet, y en menor escala, la opera encierran algunas de las verdades acerca de este reino en la naturaleza, hasta que aceptemos estas verdades de manera más abierta. Es interesante que la humanidad acepta y disfruta estas historias década tras década como si el nivel de nuestro ser acepta que estas historias poseen un verdad interna con la cual nos podemos identificar.

Los Devas y el proceso curativo

El Devas está íntimamente asociado con la construcción de la forma de nuestra expresión planetaria, pero también está involucrado con la sanación o la reconstrucción de la forma. A menudo aparecen automáticamente en los centros de sanación y han sido vistos por clarividentes en los alrededores y los pasillos de los hospitales, trabajando con algún sanador. Esto puede dar alguna explicación a las increíbles sanaciones que se han llevado a cabo en las Filipinas. Partes de este país pueden ser focos de poder para estas influencias. En relación con la forma, el Devas a menudo parece estar asociado con un lugar en particular como una montaña, un lago, un santuario, un templo, etc.

También está la posibilidad de invocar deliberadamente el Devas para que ayude en el proceso curativo. A menudo no vemos el Devas trabajando con la humanidad, parcialmente debido a nuestra ignorancia, pero si hay cooperación consciente esto da fuerza extra y significado al trabajo. Ya se habló de esto en el capítulo de la sanación.

En resumen, el Devas es un reino paralelo en la naturaleza que forma el aspecto femenino de nuestra vida planetaria y que está íntimamente entretejido con el reino humano que representa el enfoque productivo y creativo para nuestra vida planetaria. El Devas evoluciona a ser controlado por la humanidad, y aprende este control en relación con la creación de formas en nuestro universo. Nuestro vehículo es construido, desde el más físico hasta el más sutil, a partir de la esencia del Devas, lo cual forma el receptáculo para nuestra vida consciente. Durante el proceso evolutivo la humanidad se vuelve más libre conforme aprende a controlar la esencia del Deva y moverse conscientemente más allá de la vida de la personalidad. Durante el mismo proceso el Devas es liberado al aprender a aceptar el control.

Los dos reinos, el humano y el Deva, deben aprender a cooperar para que nuestra vida planetaria alcance la perfección y se han hecho experimentos con el trabajo en la comunidad de Findhorn desde la década de los 60 y con el trabajo recién iniciado con las ballenas y los delfines. Puede ser que los delfines y las ballenas sean las formas físicas más avanzadas con las que el Devas se está presentando. Los dos reinos se mezclan en el plano búdico y es interesante que este plano de amor o sabiduría sea por lo general la primera meta de contacto positivo que la persona que medita quiere lograr con las energías espirituales.

EL DEVAS, NUESTRO COLEGA
El Devas evoluciona y se desarrolla al aprender a ser
controlado. La humanidad aprende y evoluciona logrando
el control adecuado de la esencia del Deva, primero dentro
de nuestra naturaleza y luego en el medio ambiente.

Meditando con el Devas

Esta meditación se tiene que realizar en un lugar tranquilo en el jardín, pero en ciertos días quizá el clima no sea adecuado. Si deseas meditar en el interior de tu hogar, puedes poner música, ya que el Devas responde muy bien a la música.

Comienza la meditación con relajación y alineación como se dijo en el capítulo cuatro. Es especialmente importante que tengas serenidad cuando se busca la unión con el Devas, ya que esto asegura que la sustancia del Deva no estimulará tus deseos en un sentido egoísta o en una dirección sensacionalista. Pídele al Devas que coopere contigo para llevar a cabo este proyecto en particular. Trabajar con plantas es un área muy segura para comenzar.

Habiendo relajado el cuerpo físico y alineado los vehículos físicos, astrales y mentales, enfocando de manera imaginativa en el alma y la conciencia como interludio entre la inhalación y la exhalación. Crea un jardín hermoso en el ojo de la mente con tanto detalle como se pueda manejar. Ve cómo te gustaría que fuera tu jardín. Ve los colores, las fragancias y las formas en toda su belleza. Mientras se mantiene la alineación dentro del alma, pídele al Devas que coopere en este proceso y que ayude a llevar al jardín plantas y árboles y esas influencias nutritivas que se necesitan para el máximo crecimiento y salud. Pídele que proteja el jardín de todas las influencias adversas. Imagina los elementos inferiores (hadas) de la tierra, fuego, agua y aire cooperando con el Devas controlador y constructor. Luego permítele a la mente que permanezca tranquila por algunos momentos y respira toda esa felicidad que la vida del Devas tiene en un sentido de cooperación y amor.

Termina la meditación tomando el Devas y dirigiéndolo para trabajar en el jardín con amor, felicidad y belleza. Esta meditación puede llevarse a cabo una vez a la semana siempre y cuando el clima lo permita. Asegúrese de que nunca se dirija usted al Devas por razones egoístas, sino con motivos de construcción de un planeta mucho más sano y hermoso.

Hemos salido gradualmente de nuestro ser interno hacia la familia, el lugar de trabajo, la sanación de otras personas y otros reinos de la naturaleza, incluyendo el reino Deva. Ahora vemos la salud y la sanación en un sentido global o planetario. En los últimos dos capítulos se explora el planeta en términos de su salud, su enfermedad y el flujo de energías y el camino en el cual nuestra vida meditativa encaja con el ritmo del planeta.

Capítulo 13

LA SALUD Y LA SANACIÓN DE NUESTRO PLANETA

El punto de vista que tenemos de nuestro planeta ha ido cambiando con los siglos. Estamos regresando a las ideas de las culturas antiguas y a sus mitos, en los cuales se considera a la Tierra como un ser vivo o una entidad. Durante algunas décadas la ciencia de la Ecología nos ha permitido entender la interdependencia de muchos sistemas vivientes en nuestro planeta y la necesidad de nutrir a todo el planeta. Hemos aprendido para nuestro horror cuántas partes de esta cadena viviente han sido destruidas por nuestras actividades manipuladoras. Por ejemplo, la cadena ecológica básica en los bosques tropicales se ha vuelto un punto de gran preocupación, ya que los bosques están desapareciendo rápidamente. El uso de insecticidas ha disminuido la cantidad de especies de aves que se alimentan de los insectos que están siendo exterminados. La destrucción de los pantanos en las áreas tropicales limita el hábitat de las pequeñas criaturas marinas de las que se alimentan los peces más grandes, y eventualmente toda la industria pesquera se ve afectada. Ejemplos como estos hay miles. El científico Sir James Lovelock ha escrito y dado conferencias acerca de este concepto, en donde se considera a la Tierra como una unidad. Denominó a este concepto la hipótesis Gaia.

Desde el punto de vista esotérico los planetas son el cuerpo físico de los seres inteligentes que están evolucionando hacia la perfección, tal como lo está haciendo la humanidad. Esos seres que se encuentran en una esfera planetaria más allá de la conciencia de la humanidad son igual que nosotros que nos encontramos más allá de la mineral o vegetal. El ser planetario puede ser considerado como lo más cercano que podemos llegar a estar de un dios personal. Esto puede ser interpretado como un concepto panteístico por las personas que sólo pueden concebir a Dios como un ser trascendental fuera de ellos mismos.

Sin embargo, un gran número de personas ahora rechazan el concepto de un Dios personal en el sentido fundamentalista de un ser al que le pides ayuda y que puede interferir en nuestras vidas bajo ciertas condiciones. Esto va en contra del sentido común de muchas personas inteligentes que aceptan a Dios como un ser creado a imagen y semejanza del hombre, un Dios que sólo reina como una influencia externa, que puede interferir en nuestras vidas o que se puede llamar con plegarias y rituales.

Por este motivo muchas personas prefieren ciertos aspectos de las religiones orientales que ven al hombre relacionado intrínsecamente con la naturaleza y con Dios, al igual que con un rango de niveles espirituales en los que entramos como parte del proceso evolutivo. El verdadero cristianismo se aleja de lo que la Iglesia denomina ser un buen feligrés. En un sentido real el cristianismo promueve el concepto de Dios como inminente y trascendente y que se encuentra tanto fuera como dentro de nosotros.

En el Oriente el creyente tiene la opción de ver a Dios como un ser que se encuentra dentro de nosotros, nuestro centro espiritual interno o como un ser externo. No hay contradicción entre estos conceptos. El problema recae en aquellos que intentan interpretar las verdades espirituales dentro de los confines de su mente inferior. Lo mismo se puede decir acerca del concepto de una jerarquía espiritual de seres con muchos niveles de conciencia espiritual y capacidades. Otra vez tendemos a interpretar el concepto de jerarquía en nuestra experiencia de cómo se comportan las personas cuando se les da poder.

Un diferente punto de vista de la jerarquía

El concepto esotérico ha sido removido de esta imagen distorsionada. La vida meditativa gradualmente nos permite volvernos más conscientes que el proceso evolutivo en este planeta puede percibirse como si rodeara a todos los rangos de inteligencias del reino mineral, vegetal, animal y humano, a muchos niveles espirituales.

Esto no niega el concepto de un ser supremo que puede ser considerado como el creador de todas las cosas. En vez de eso quita esa ridícula separación que existe entre Dios y la humanidad que a menudo es fomentada por los cristianos fundamentalistas. ¿Cómo podemos pensar que somos tan importantes como para que ese ser supremo se fije en nosotros? Todo cambia cuando pensamos en que hay un abanico de niveles en los que diferentes seres abogan e interceden por nosotros ante este ser. Pero aquí la meditación está vista desde un sentido en el cual nosotros entramos o crecemos gradualmente para llegar a los diferentes niveles del ser.

Podemos considerar nuestra vida planetaria como una vida con diferentes niveles de inteligencia que median entre los diferentes niveles de conciencia. Aquí es cuando el papel de la humanidad se hace evidente. Como se mencionó antes en el capítulo 6, cuando se ven los diferentes niveles de la conciencia, observamos que nuestro verdadero hogar es la mitad del plano de la conciencia búdica, el plano de la razón pura y del amor o sabiduría, y el nivel desde el cual todas las intuiciones fluyen. Primero tocamos este nivel con ese tipo de meditación mística descrita en los primeros pasos del camino espiritual. Después quitamos la separación que hay entre la mente inferior y la superior, la cual acompaña el desarrollo de la mente y el tipo de meditación ocultista. La mezcla de estos dos caminos nos permite comenzar a tener un efecto de transformación en el medio ambiente.

Aquí es donde comenzamos en términos de nuestro papel como sanadores planetarios. El reino humano con su hogar en el medio de los cuatro planos se vuelve el mediador entre los reinos espirituales superiores y los niveles inferiores como son el reino mineral, vegetal y animal. Por lo tanto, nuestra responsabilidad planetaria es única y enorme. Cuando vemos a la conciencia del chakra del corazón y la alineación con el alma, la habilidad para responder a las necesidades es el primer signo del contacto del alma. ¿Qué está pasando en nuestro mundo hoy en día con los individuos y los grupos que están tomando conciencia de la responsabilidad de restaurar nuestra armonía planetaria y el equilibrio, a través del desarrollo de la sensibilidad del corazón?

La humanidad salvadora del planeta

Estamos siendo testigos de una transformación en la sustancia de nuestro planeta en sus tres grados de formas física, astral y mental para que eventualmente estas tres formas expresen la luz del alma. Otro factor relevante gobierna el poder de la humanidad para actuar en un sentido creativo. ES EL USO DE LA MEDITACIÓN OCULTISTA Y EL USO DE LA MENTE SUPERIOR LO QUE NOS DA LA HABILIDAD DE CREAR. Por lo tanto, es nuestro papel como mediadores entre los reinos superiores y los inferiores, tenemos el poder de destruir o de crear por la virtud de nuestra mente desarrollada. Hasta la fecha la mente ha sido parcialmente utilizada para destruir; pero ahora, a través de la creciente alineación del alma, estamos comenzando a recrear la sustancia planetaria de acuerdo con nuestras impresiones espirituales superiores.

Debido al papel de custodios que desempeñamos en relación con los reinos mineral, vegetal y animal, nuestros tres vehículos inferiores a menudo son interpretados como los vehículos que expresan esos tres niveles. Nuestro cuerpo físico corresponde al reino mineral, nuestro nivel emocional corresponde al reino vegetal y nuestra mente inferior corresponde al reino animal.

Esto quiere decir que nuestra primera tarea es tener el control de estos tres niveles dentro de nosotros, y sólo después podemos convertirnos en mediadores y agentes transformadores en la esfera más grande de nuestro medio ambiente. Es por eso que la primera tarea en el camino espiritual es integrar los tres niveles de la personalidad en uno solo sirviendo como unidad y después buscar la alineación de esta personalidad dentro del alma. En práctica estas dos actividades se traslapan, debido a que mientras nuestra vida meditativa se desarrolla lo que nos hace reaccionar y poner en forma nuestras personalidades es el impulso de flujo que proviene de nuestra alma.

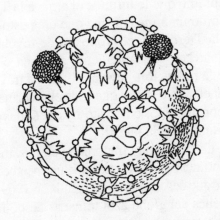

LA HUMANIDAD. LA SALVADORA DEL PLANETA
La humanidad es la mediadora entre los reinos superiores
y los inferiores y forma una red de luz que sirve para redimir,
transformar y sanar a los reinos inferiores. Un ejemplo
son las redes que existen entre muchos grupos
que se dedican al servicio del medio ambiente.

La evolución es vista como el crecimiento de la conciencia a través de la forma sin límites hacia las posibilidades de expansión y perfección. Algunos teólogos y escritores han logrado cerrar la brecha entre la ciencia y la religión con su visión y tienen una perspectiva mucha más amplia de la evolución. El hermano jesuita Pierre Teilhard de Chardin fue un visionario. El vio los diferentes niveles del universo, con la conciencia del hombre expresándose a través de la esfera mental que era denominada la noosfera, y con el punto emergente final, el punto Omega, en donde se unían todos en Cristo.

La Tierra puede ser vista como una unidad que tiene los mismos vehículos que la humanidad. Tiene una capa física que consiste en todos los reinos físicos en la naturaleza, una esfera astral que consiste en todas las contribuciones de los animales y la humanidad, y una esfera mental producida por la humanidad y las esferas espirituales más sutiles del ser. El gran ser supremo que le infunde el alma a la Tierra puede ser pensado como un alma enorme que crea estos diferentes vehículos en la Tierra con el propósito de revelar su vida a través de la materia. Probablemente éste sea el verdadero significado de la redención: revelar el alma a través de todas las formas planetarias o hacer que todas las formas sagradas. Podemos ser considerados como átomos o células en una vida mucho más grande que la nuestra.

Llegamos a un punto muy importante en nuestra plática. El siglo XX fue el primer siglo en el que hubo una perspectiva global. Los astronautas que descendieron en la luna en 1969 trajeron las primeras imágenes del globo azul tomadas desde la superficie de la luna, lo cual simbolizó esta nueva perspectiva. Esta actitud inclusiva ha dado origen a muchos grupos ecológicos. Muchas personas están comprometidas a salvar el planeta, y esto ha motivado a los políticos a asegurar sus votos realizando políticas diseñadas para limpiar el medio ambiente y salvar la Tierra.

A pesar de los diversos motivos, incluso de algunas personas que están en los movimientos ecologistas, el resultado es positivo. El punto de vista general ha sido el de castigar a las industrias para que tomen más responsabilidad en los proyectos ambientales. Los proyectos incluyen la reforestación de los bosques tropicales, el retiro de desperdicio industrial, la restauración de la capa de ozono, la solución del efecto invernadero, la toma de responsabilidad hacia las ballenas y los delfines, y los esfuerzos para retirar del planeta los desechos nucleares y prevenir la radiación nuclear. Todos los anteriores son ejemplos significativos de la restauración del planeta y de nuestro papel como custodios del mismo.

En años más recientes hemos presenciado otra dimensión en el trabajo meditativo en grupo el cual ha ganado un gran ímpetu mundial. Este tipo de iniciativa comenzó en 1984 con el sencillo del grupo musical Band Aid llamado *Do they know Christmas?* (*¿Conocen la Navidad?*), escrita por Bob Geldof e interpretada por algunos de los mejores cantantes de música pop de la época, con esta canción recaudaron fondos para ayudar a las personas de Etiopía. El siguiente año Bob Geldof produjo el maravilloso concierto mundial llamado "Live Aid" el cual recaudó mucho más dinero para tratar de erradicar la hambruna en África. Ha habido muchos más proyectos alrededor del mundo, incluyendo la meditación anual internacional en Año Nuevo, llamada "A million minutes of Peace" (*Un millón de minutos de paz*).

Todos estos proyectos han utilizado la ciencia de forma positiva. Los medios electrónicos han sido los vehículos para llevar esos eventos a millones de personas a través del planeta. Podemos observar a la ciencia como un factor esencial en la síntesis entre la cabeza y el corazón que está tomando lugar en la Tierra.

En el capítulo nueve, en la sección de los chakras, se mencionó que la ciencia está relacionada con el chakra de la garganta y que sirve para el desarrollo global de la información y del conocimiento. En relación con el chakra del corazón, vemos un desarrollo logarítmico en la conciencia, lo cual comienza con el desarrollo de muchos grupos de servicio después de la Segunda Guerra Mundial.

En el libro *The Global Brain Awakens* (*El cerebro global despierta*) Meter Russell sugiere que la curva de la conciencia se apoderará de la curva de la información en unos cuantos años. Este libro traza el desarrollo de la conciencia a través de los movimientos de la biología, la tecnología y la historia en nuestro planeta. La conciencia superior debe trascender la información y la tecnología si es que nos movemos hacia una era de paz, en donde la ciencia sea utilizada de manera constructiva.

Los principios del Yin y el Yang fueron discutidos en el capítulo siete como la polaridad femenina y masculina del universo. Tal vez no sea una coincidencia que las mujeres se hayan vuelto más prominentes en este punto en el tiempo en donde la nutrición de la vida planetaria ha tomado tal importancia. Podemos atrevernos a decir que esta nueva perspectiva global se debe a la influencia de las mujeres como verdaderas custodias de la forma.

La reverencia para las formas planetarias por las mujeres es expresada en su dominación numérica de los talleres y los proyectos que están relacionados con la conciencia y el crecimiento humano al igual que con la meditación y los grupos curativos. No sólo se ha dado en las iglesias como sucedió en el pasado sino también como cabezas de las empresas y de los grupos de servicio más importantes del mundo. La creciente influencia de las mujeres en la política es posiblemente un factor significativo en el nuevo cambio de energía que se está dando entre las naciones, un cambio que puede proveer iniciativas para continuar con la paz a través del planeta.

Enfermedad planetaria

Podemos ver cómo el planeta va evolucionando junto con la humanidad y todos los reinos de la naturaleza y también podemos ver que sufre de los mismos problemas que nosotros sólo que a una escala macrocósmica. Las epidemias son una enfermedad planetaria y son el resultado de una congestión de energía en el cuerpo etéreo del planeta. Los cambios climáticos como son los huracanes y los tornados se deben a los desequilibrios en el cuerpo etéreo planetario. Los hoyos en la capa de ozono probablemente entren en la misma categoría. Al igual que los humanos necesitan tener una continuidad de conciencia a través de una disipación por un periodo determinado, el planeta eventualmente necesita ser expuesto a las radiaciones cósmicas. No cabe duda que en las décadas futuras los humanos vamos a aprender a adaptarnos en diferentes formas a los impactos de los rayos cósmicos.

La economía del planeta está relacionada con la distribución del prana y esta distribución de energía incluye la situación climática en cualquier lugar en particular. Se dice que el dinero es prana cristalizado y que en el presente tenemos bolsas de riqueza, inflamación o congestión, y bolsas de pobreza, hambruna y miseria. Cuando haya una distribución equitativa de la riqueza y los recursos, entonces será una época de prosperidad, alegría y salud.

El clima ha sido muy diferente en particular en áreas geográficas particulares durante diferentes épocas. Tal vez la era de oro en donde el clima es perfecto, de la cual hemos leído en las fábulas y la mitología, aparezca cuando haya un equilibrio total en el planeta, en donde la noche y el día sean equivalentes a lo largo del planeta. Este equilibrio de luz y oscuridad simbolizará el balance de los principios femeninos y masculinos en el planeta.

El cuerpo planetario de energía

Los antiguos chinos desarrollaron una filosofía, la cual aplican tanto al cuerpo humano como al planeta. Sus conceptos incluyen canales en el cuerpo que han sido denominados como meridianos y éstos cargan energías de una parte del sistema a otra. Cuando hay alguna enfermedad se ve que los meridianos están bloqueados o les falta energía. La terapia de acupuntura es utilizada para equilibrar y redistribuir la energía en la alineación de la persona. No es muy conocida la parte en la que los chinos hablan de su preocupación por las energías que fluyen en la Tierra. Tenían practicantes que les decían en donde era conveniente construir un edificio en relación con un flujo de energías particular en la superficie de la Tierra.

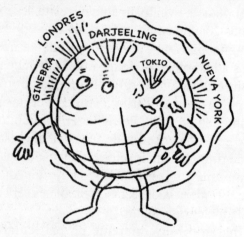

EL CUERPO DE ENERGÍA PLANETARIA
El planeta también tiene un cuerpo de energía con líneas de luz y chakras o centros de energía. Algunas de las ciudades más grandes son la expresión externa de los chakras planetarios.

En el sistema humano el sistema meridiano es la interfase entre el cuerpo etéreo y el físico. Para que haya salud la energía tiene que fluir libremente a través de todos los meridianos y éstos llevar la energía hacia los órganos. En la medicina china, los practicantes colocan agujas de acupuntura de tal forma que las energías se distribuyan para restaurar la energía. Algunas veces, la energía se mueve de un órgano a otro en donde hay en exceso hacia uno en donde hace falta. En donde la energía es escasa se introduce energía del cuerpo etéreo planetario.

Hay energías positivas y negativas relacionadas con los humanos, y como corresponde la Tierra que es un ser vivo tiene diferentes emanaciones e influencias que cubren a aquellos que viven dentro de su cuerpo físico. Hay energías etéreas que fluyen a lo largo de los canales del planeta. Bruce Cathie descubrió lo que él llama la red de energías, las cuales forman cuadrados que son de aproximadamente una milla cuadrada. Estas líneas pueden corresponder con el sistema meridiano.

Además, tal como el cuerpo humano está asociado con un campo de energía que tiene centros llamados chakras o transformadores de energía, el planeta tiene un número de centros de energía. Los centros principales que están activos en un punto particular en el tiempo se exteriorizan como las ciudades más grandes del planeta. Londres, Nueva York, Tokio, Génova y Darjeeling corresponden de acuerdo con Alice Bailey en su libro *The Destiny of Nations* (*El destino de las naciones*) a los cinco centros espinales. Los centros menores y los meridianos planetarios aparecen en ciertos lugares históricos. Una intersección de las líneas de energía está presente en los lugares más sagrados como son piedras legendarias, catedrales, templos.

Siempre ha habido personas que pueden utilizar la energía que hay en la red de energías para propósitos específicos. Por obvias razones esta información ha sido resguardada, ya que su mal uso puede tener efectos negativos en la escala planetaria. En su libro, Bruce Cathie hace una investigación respecto a las locaciones en donde se realizan las pruebas nucleares y la posición de la red de energía.

El acupunturista mueve la energía alrededor del meridiano con el uso de agujas; otros han desarrollado un rango de técnicas por medio de las cuales la energía fluye en la red de energías aumentando la energía en lugares particulares y drena la energía en otros momentos. Algunas veces la energía no fluye por lo canales normales de patrón cuadriculado, así que puede ser que la humanidad haya creado estos canales extra en diferentes momentos de la historia.

En un sentido positivo las corrientes pránicas más fuertes están asociadas con el sistema de cuadrícula planetario y tienen un efecto estimulante en nuestras práctica meditativas y ésta es la razón por la cual se han escogido para edificar los templos e iglesias. Probablemente los francmasones que se dedicaban a construir los templos y las catedrales tenían esta información. Recientemente, el interés acerca de las energías negativas del planeta que afectan la salud ha aumentado. Hay estudios muy extensos acerca del cáncer que indican que casi todas las personas que padecen cáncer han dormido en un área de estrés geopático. Por lo general, esto ha sido ocasionado por los efectos de las aguas subterráneas, pero también puede estar relacionado con los sistemas de cuadrícula menores llamados Curry y Hartman, fallas tectónicas, irradiación iónica, etc. El gobierno de Alemania del Oeste designó una comisión para investigar este fenómeno.

En la antigua China, una persona dedicada a la geomancia fue consultada antes de la construcción de un pozo para localizarlo en el mejor lugar. Esta persona tenía la habilidad o la había adquirido para poder detectar las energías planetarias sutiles. En un futuro puede que este arte antiguo tenga que ser retomado. Ahora también tenemos que lidiar con los problemas energéticos ocasionados por el hombre, tales como las instalaciones eléctricas que afectan los campos de energía de las personas que viven cerca de ellos.

La mayoría de las personas saben del arte de buscar agua o petróleo utilizando una vara. El *dowser* es una persona que desarrolla un sentido para poder sentir energías sutiles que generalmente no son aceptadas por la ciencia. Muchas compañías muy importantes utilizan a los *dowsers* para encontrar agua. Por lo general el *dowser* utiliza una vara con varias bifurcaciones para localizar el agua, aunque ahora se han diseñado un sinfín de aparatos sencillos para realizar el mismo propósito. La misma facultad es utilizada en el diagnóstico con péndulo. Es una habilidad que 90% de las personas puede desarrollar, con paciencia y perseverancia. Lo que se puede decir de la meditación.

Energías de la Vivaxis

Unos cuantos pioneros modernos han desarrollado el conocimiento acerca de las energías planetarias y lo han unido con las técnicas para mejorar la salud. Frances Nixon fue uno de ellos, y por treinta y cinco años esta canadiense extraordinaria investigó la conexión entre nuestro sistema de energía individual y el de la Tierra. Ella descubrió bandas de energía de tres o cuatro metros en dirección vertical que iban hacia arriba y hacia debajo de la superficie de la Tierra. Estas bandas eran aproximadamente de cuarenta y cinco centímetros de grosor y eran independientes pero probablemente estaban conectadas a la energía de la red de energía.

Durante muchos años Fran entrenó a muchas personas para que utilizaran su propio cuerpo como instrumentos para detectar las energías y otras energías positivas y negativas en el medio ambiente. Descubrió que había un punto de intersección entre el campo de energía de un feto en desarrollo y el de la Tierra, el cual se establecía a partir del séptimo mes del embarazo. Ella denominó a esto como la Vivaxis, lo que quiere decir el eje de la vida, y descubrió que las energías fluyen en un circuito de dos vías entre la persona y la Vivaxis durante la vida.

No importa cuánto se aleja la persona de la localización de la Vivaxis; la conexión permanece aun si la persona se mueve hacia otra parte del planeta. En ciertos casos es necesario crear una nueva Vivaxis, cuando ocurran circunstancias desafortunadas como el que la Vivaxis provoque enfermedad en la persona.

Durante su vida Fran descubrió muchas técnicas para restaurar la salud utilizando las energías etéreas asociadas con estas energías planetarias. Descubrió que las frecuencias vibratorias asociadas con todos los elementos necesarios para la vida están localizadas en las bandas de la Vivaxis. También descubrió que de cualquier lado de estas bandas hay muchas influencias negativas como las de los metales pesados, en particular las de los contaminantes creados por el hombre que están afectando a nuestro planeta. La ciencia de las energías de la Tierra nos recuerda lo importante que es discriminar las energías cuando estemos trabajando y también la importancia de estar bien entrenados mentalmente para realizar esta práctica e investigación.

No hay aparatos lo suficientemente sensibles para medir estas energías, pero algunos investigadores se están acercando, pero hasta el momento nuestro cuerpo es el instrumento más confiable.

Aunque Fran Nixon no tenía un entrenamiento esotérico, logró crear un enfoque para construir un cuerpo etéreo sano y restaurar las energías que han sido agotadas. Es importante para nuestra vida meditativa entender los diferentes factores que cambian las energías planetarias y cómo nos afectan a nosotros.

Por ejemplo, el equilibrio de los iones positivos y negativos en el aire no sólo se relaciona con ciertas condiciones del clima, sino con muchas situaciones creadas artificialmente. Descubrimos que en ciertos días en los que sopla un aire caliente, hay una profunda reducción de las energías, y las personas pueden estar muy irritables por el exceso de iones positivos. Este desequilibrio creado por el hombre o natural, afecta nuestra habilidad de meditar. Fran desarrolló unas habilidades muy simples para monitorear el flujo de iones en el medio ambiente.

Otras técnicas nos permiten monitorear las emanaciones de la Tierra como la actividad volcánica y los terremotos. Las bandas de Vivaxis pueden ser utilizadas para remover los efectos de la radiación y para tratar los alimentos y el agua. La casa y los alrededores de la misma pueden ser estudiados para verificar si no hay un flujo de agua subterráneo, alteraciones electromagnéticas, medidas de corrientes positivas y negativas y lo más importante, los lugares adecuados para realizar una meditación individual o de grupo.

Se sugirió anteriormente que las personas que meditan son atraídas por lugares y medios ambientes sanos, los lugares de trabajo adecuados para ellos, etc. Podemos utilizar varias habilidades para ayudarnos a cambiar o restaurar nuestro medio ambiente y hacerlo un lugar adecuado para trabajar y vivir. Mientras que una persona que no esté interesada en la salud buscará vivir en medio de la contaminación y el ruido, o junto a ciertos peligros creados por el hombre, y en este punto no podemos ser muy idealistas.

Como siempre tenemos que tomar el camino del medio: podemos escoger un lugar lo más cerca posible del ideal y mejorarlo. De esta forma aprendemos a equilibrar y recrear el campo de energía del área escogida. Para hacerlo necesitamos estudiar la información del lugar y de los problemas asociados con el mismo, y pedir ayuda de algún practicante para cambiar en lo posible cualquier situación adversa.

El papel del Devas ha sido discutido en relación con su presencia en los lugares planetarios y éstos a menudo son lugares que tienen una mínima contaminación o que es nula. El Devas se enfoca a través del nivel etéreo en vez del nivel físico, y no residen en áreas en donde haya desequilibrio etéreo o enfermedad. Se va a encontrar en área en donde pueda ser invocado para equilibrar las energías sin comprometer las suyas. Lo mejor sería poder vivir y trabajar en donde el Devas planetario residiera.

El Devas está íntimamente involucrado con la restauración y la creación del planeta por su asociación con la construcción de formas. Cada vez que alteramos la ecología del planeta alteramos la vida del reino Deva. Esto no quiere decir que debemos dejar de utilizar la ciencia, pero esa responsabilidad que implica su uso debe de ser aceptada por todas las personas.

Hemos llegado a la conclusión de que hay que hacer varias sugerencias para la vida meditativa en un sentido planetario. Parece que ya hay un canal planetario subjetivo de individuos y grupo que se unen regularmente en diferentes formas de meditación. Un ejemplo es la meditación anual de Fin de Año. Tales empresas han ayudado a que se acelere el desarrollo de la conciencia en la humanidad. Este tipo de redes pueden literalmente ayudar a prevenir guerras y cataclismos. Si la energía continúa, tenemos la opción de utilizarla de forma constructiva o destructiva. La mente puede ser utilizada no sólo para nuestro bien sino para el bien del planeta. Es muy probable que la meditación en pro del planeta de millones de personas afecte de forma positiva al plantea. Los grupos de meditación también son parte de estos cambios positivos como la mejora en las relaciones entre países. La proyección de la buena voluntad de los meditadores puede actuar como un impulsor para todo tipo de cambio.

En resumen, podemos decir que como la energía fluye en el cuerpo humano vía los meridianos y los chakras, el planeta también tiene sus meridianos y sus centros de energía. Para la salud planetaria la energía debe fluir libremente a través del cuerpo de energía planetario, y los grupos de meditación ayudan a restablecer las energías planetarias y se deben unir en los ritmos naturales planetarios.

A lo largo de este libro el principio del ritmo y del pulso de vida de las energías han sido enfatizadas. El aumento cíclico y el flujo de la vida se demuestran en el nivel planetario en las diferentes alineaciones y cambios que ocurren en el flujo de energía como el resultado del día y la noche, las estaciones del año y las lunas nuevas y las lunas llenas. Un número importante de grupos internacionales se aprovechan de estas alineaciones planetarias para maximizar sus esfuerzos meditativos. La meditación durante la luna llena es una forma de maximizar los esfuerzos meditativos. Ahora vamos a explorar algunas de estas alineaciones planetarias en relación al proceso de meditación.

Capítulo 14

ALINEACIONES PLANETARIAS Y MEDITACIÓN

La ventaja de meditar en la mañana ha sido mencionada en el capítulo 10. Hay otros ritmos planetarios y ciclos que hay que considerar. Primero, podemos considerar no sólo el efecto positivo de la meditación en la mañana pero también el tiempo cuando el sol está en el meridiano y cuando se pone. En cada uno de estos tres casos nuestra localización física forma un ángulo muy fuerte con el sol: el sol nos encara directamente al amanecer; está sobre nosotros al mediodía y al crepúsculo está otra vez en línea con nuestra posición planetaria.

El sol no sólo nos proporciona luz física sino que también en la mayoría de las religiones simboliza un estado de iluminación. El sol forma estos tres ángulos debido al movimiento de la Tierra y en estos tres puntos del día la meditación se experimenta de manera amucho más poderosa por muchas personas. En un sentido físico esto parece ser el resultado del efecto de nuestra posición con el sol y su efecto en el prana planetario. Cada parte de la Tierra experimentará estas relaciones angulares con el sol mientras va moviéndose durante las veinticuatro horas que dura el día. Esto no significa que la meditación no pueda ser efectiva en otros momentos, pero debemos darnos la oportunidad de meditar en esos momentos para maximizar el proceso de meditación.

Los equinoccios de otoño y de primavera ocurren como parte del movimiento del ciclo de los doce meses de cada año, y en este momento el día equivale a la noche a través del planeta. En siglos pasados éstas eran ocasiones en las que muchas ceremonias religiosas y ritos se realizaban. Recientemente, en un giro diferente de la espiral, muchos grupos a lo largo del planeta están meditando en esos momentos para obtener la paz planetaria y la restauración de la Época de Oro que tal vez está simbolizada por el balance de luz y oscuridad de estas épocas del año.

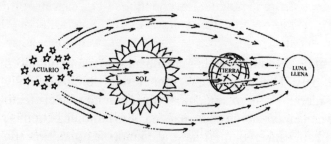

ALINEACIÓN PLANETARIA EN EL MOMENTO DE LA LUNA LLENA

En el momento en que se pone la luna llena hay una alineación entre una constelación en particular, el Sol, la Tierra y la Luna. Las energías espirituales fluyen hacia nuestro planeta vía este canal y son reflejadas hacia la Tierra por la luna llena. Estas energías pueden ser recibidas por los grupos meditativos como un servicio planetario.

Otra alineación de tiempo muy utilizada ocurre durante la luna llena. En ese tiempo tenemos una alineación de la Tierra, la luna y el sol en el mismo plano de longitud. En los tiempos de los eclipses hay una alineación mucho más completa del sol, la luna y la Tierra tanto de longitud como de latitud.

Hay doce lunas llenas a lo largo del año y ocasionalmente trece como fue el caso del año 2004. En términos de energías espirituales el efecto es recibir las energías de la constelación del mes, vía el sol hacia la Tierra, con la luna reflejando la energía de regreso a la Tierra. Por ejemplo, en la luna llena de Leo, las energías espirituales de las grandes inteligencias asociadas con la constelación de Leo serán transmitidas por medio del sol hacia la Tierra y reflejadas de regreso hacia la luna desde el otro lado de la Tierra. La luna no es un factor significativo en esta época, pero las alineaciones entre la constelación, el sol, la Tierra y la luna. Es el canal creado por esta alineación celestial, la cual permite que las energías fluyan de manera más libre que en otros momentos del mes.

La intención de la meditación en la luna llena es transmitir las energías espirituales hacia nuestra vida planetaria con el objetivo de sanar y restaurar la paz y la armonía planetaria. Cada mes proporcionará una temática diferente. Las temáticas usuales para cada mes están en el diagrama que lo acompaña (Cuadro 2). Éstos son utilizados como pensamientos semilla durante el interludio superior de la meditación. Un grupo meditativo, en vez de un individuo, es mucho más factible que sea un transmisor de energías en la luna llena. Sin embargo podemos ligarnos con los miembros del grupo subjetivamente, así que no es necesario estar juntos físicamente, aunque esto hace que la meditación sea más fácil debido a la concentración del grupo.

Los momentos en los que hay luna llena son considerados como el interludio más alto de cada mes, y la luna nueva el más bajo. En un sentido planetario éstas son las pausas entre la inhalación y la exhalación. Hay un interludio mucho más significativo durante un año completo y abarca un periodo de tres meses en donde están las lunas llenas de Aries a Géminis. Es significativo que la luna de Aries corresponde a la Pascua, una época reverenciada por los cristianos, mientras que el punto más alto de Tauro corresponde al festival de Wesak, el punto más importante en el calendario budista.

En sus apuntes relacionados con estos tres festivales Alice Bailey ha puesto este interludio anual en una perspectiva muy significativa. En el festival de Pascua la resurrección y las fuerzas de restauración predominan. Las energías espirituales fluirán hacia la vida planetaria fuertemente desde la constelación de Aries. En el festival Wesak las fuerzas de la ilustración se enfocan en el planeta mientras son recibidas de la constelación de Tauro. Las Pléyades son un cúmulo de estrellas en el centro de esta constelación y se relacionan con la vista y el conocimiento. Hay estrellas significativas, tales como Alcyone y Aldebarán, conocida como el ojo del toro, en este cúmulo de estrellas llamado Pléyades que se encuentra dentro de la constelación de Tauro.

Cuadro 2. Las claves para la meditación durante la luna llena	
ARIES	Me acerco y desde el plano de la mente gobierno.
TAURO	Yo veo y cuando el ojo está abierto todo es luz.
GÉMINIS	Reconozco mi otro ser y en ese ser crezco y resplandezco.
CÁNCER	Construyo una casa iluminada y en ella habito.
LEO	Yo soy eso y eso soy.
VIRGO	Soy la madre y el hijo. Yo Dios, Yo materia soy.
LIBRA	Escojo el camino que me lleva entre las dos grandes líneas de la fuerza.
ESCORPIÓN	Soy un guerrero y de la batalla emerjo triunfante.
SAGITARIO	Veo la meta, alcanzo esa meta y después veo otra.
CAPRICORNIO	Estoy perdido en la luz celestial, y aun en esa luz, doy la espalda.
ACUARIO	Soy agua de vida servida para los hombres sedientos.
PISCIS	Dejo la casa de mi padre y me voy a salvo.

El festival Wesak es un tiempo, de acuerdo con Bailey y otros esoteristas, en el cual Cristo y Buda bendicen al planeta. La leyenda de Wesak describe un valle oculto en los Himalayas en donde los peregrinos encuentran su camino en el tiempo en que es la luna llena de Tauro, ya sea física o en su cuerpo astral o de sueños. A final del valle hay una gran roca que está sobre un balde de agua. Acomodados debajo del valle de acuerdo con su nivel de estatus espiritual están los peregrinos que forman patrones de baile y canto como preludio a la ceremonia. Enfrente de la gran roca los maestros encabezados por Cristo hacen la preparación espiritual para el evento.

Ocho minutos antes de la luna llena la figura de Buda se puede ver acercándose como una mancha en el cielo. Mientras se acerca va descendiendo en el valle. El clímax de la ceremonia ocurre mientras Buda vuela sobre Larica y bendice la asamblea y el agua de la roca. Siguiendo el momento de la luna llena, gradualmente se aleja del centro. El agua bendita es distribuida entre las personas reunidas y los peregrinos se dispersan gradualmente. Es interesante que haya historias similares de personas que aseguran haber asistido a esta ceremonia en sus sueños.

El meditador individual que practica el arte cierto número de años se dará cuenta pronto de los efectos de los diferentes ciclos planetarios y de su potencia. En el punto más alto en Wesak comienza el nuevo año planetario en un sentido espiritual y, en la siguiente luna llena de Géminis, las energías concentradas en el festival de Wesak son distribuidas a lo largo del planeta.

Esta tercera parte del interludio superior de la luna llena es conocida como el Festival de la Buena Voluntad y algunas veces como el Festival de Cristo. En ese momento se dice que Cristo juega un papel muy importante en la función de liberar energías por su papel de mediador entre la humanidad y lo divino. Como es de esperarse el punto clave de este festival es el amor espiritual. Este uso de los ciclos astronómicos para propósitos espirituales no necesariamente contradice la verdad básica como se revela en el Cristianismo o en el Budismo. Esta ceremonia es experimentada como una unión entre oriente y occidente, con las dos religiones principales trabajando juntas por el bien del planeta.

Como parte de la nueva síntesis que se lleva a cabo en la conciencia, podemos visualizar el conocimiento astronómico utilizado con más entendimiento en nuestra vida diaria, y esto pondrá a la astrología en un nivel diferente y retirará las concepciones erróneas que se tienen de ella desde que se separó de su hermana ciencia, la astronomía.

Durante 1989 ocurrió una alineación muy interesante entre los planetas Saturno, Urano y Neptuno. El movimiento lento de estos planetas significa que en verdad ésta es una conjunción muy extraña. Aún más este arreglo tomó lugar en Capricornio, un signo que tradicionalmente simboliza las preocupaciones materiales y económicas, y también el desarrollo espiritual. El resultado de la economía global durante esta configuración planetaria es significativo. Hay crisis económicas de proporciones monumentales en un gran número de países líderes en el mundo.

Los planetas externos de Saturno, Urano y Neptuno corresponden a los cambios en los grupos humanos en vez de en los individuos. Junto con el signo de capricornio de la iniciación. Indican el nacimiento de principios espirituales en gran escala en nuestro planeta. Regresando hacia 1989, no podemos encontrar otro año del siglo XX mejor que ése para representar el momento en el cual millones de personas se sublevaron ante la opresión y los regímenes dictatoriales. Comenzó con China y terminó con los países de Europa Oriental. Nadie pudo haber pensado con qué rapidez se desataría todo esto.

Tal vez el factor más significativo no es que haya habido cambios significativos en los gobiernos de esos países, sino que en cada país fue el coraje y la convicción de las masas lo que provocó el cambio. La alineación de los planetas externos simboliza estos cambios en la conciencia de las masas, ya que lo planetas simbolizan las relaciones de los grupos.

En nuestro proceso meditativo, estamos sujetos a un número fluctuante de influencias planetarias. Éstas incluyen los movimientos diarios y anuales de nuestro planeta y los movimientos de otros planetas mientras ellos influencian el campo electromagnético de la Tierra. La interconexión del universo es tal que jamás estamos meditando solos, incluso si nos retiramos a una cueva o a una montaña. Con la experiencia aprendemos a identificar todos estos factores, a considerarlos y a usarlos de forma creativa en nuestro trabajo como custodios del planeta.

Otro punto muy importante nos llega a la mente en relación con la sanación planetaria y se desarrolla de todos los temas previos que aparecen en este libro. Si consideramos al universo en un sentido muy amplio, es posible que haya un propósito diferente para cada sistema solar y cada plano. En nuestro sistema solar, hasta la fecha, no hemos descubierto ningún otro planeta que goce de los mismas formas biológicas de vida que la Tierra. Hasta donde sabemos la belleza en colores y formas de nuestro planeta es inigualable. Esto puede ser muy significativo para nuestro entendimiento del regalo que es la Tierra para todo el sistema solar.

En las enseñanzas esotéricas la idea es que la redención de la forma es el papel más importante de la humanidad como seres espirituales encarnando a través de este planeta. Por lo tanto podemos tomar el papel de la humanidad un paso más, de meditador entre el reino superior y el reino inferior, para establecer una relación perfecta entre los espiritual y lo material. Hasta la fecha, la humanidad como un todo ha sido tentada para identificarse con los valores materiales; esto es entendible, dada la belleza de las formas de vida. Esta negación de los valores espirituales subyace bajo las enseñanzas en muchas religiones y rinde cuentas por algunas de las prácticas fanáticas y estéticas que algunas veces pasan con el nombre de prácticas religiosas.

Ahora hemos alcanzado el punto de vuelta después de casi haber destruido tanto las formas en nuestros alrededores y también a través de los que encarnamos. Nuestra tarea es permitir que cada forma revele la luz que viene de su interior, y comenzamos este proceso con nuestra propia personalidad.

Los esfuerzos para restaurar la ecología de nuestro planeta pueden ser vistos como el símbolo externo de esta realización externa que muestra que nuestra forma de vida planetaria debe ser purificada en todo sentido. La contaminación externa del planeta simboliza nuestra extrema prostitución de las formas planetarias en todos los reinos de la naturaleza.

Las muchas formas en que los individuos y los grupos están haciendo el esfuerzo de restaurar el equilibrio natural incluyendo los muchos enfoques de sanación que se están utilizando a niveles psicológicos y subjetivos. Necesitamos recordar que nuestra forma de vida incluye los de los niveles astrales o de sentimiento y mentales. Esas sectas religiosas y disciplinas psicológicas que niegan la forma física como un ser malvado no podrían estar más lejos del camino de la verdad del desarrollo evolutivo como aquellos que se identifican completamente con la gratificación de los sentidos.

Podemos proyectar nuestra conciencia hacia la posibilidad cuando todas las formas planetarias revelen la luz interna del espíritu, para que haya una mezcla perfecta entre materia y espíritu. El tema de la luz está presente en todas las religiones. Iluminación es un término utilizado para designar la aprehensión de la verdad espiritual y utilizamos el término "Ya veo" cuando entendemos. Las figuras del lenguaje que involucran a la luz en muchos niveles y la liberación de la luz a través de la forma pueden ser nuestra clave planetaria.

La siguiente meditación es llamada "Entrando en la luz" y es una pequeña adaptación de la meditación de la luna llena desarrollada por Lucis Trust, de Londres. Es utilizada por muchos grupos de meditación a lo largo del planeta. Está basada en el ritmo de la respiración y por lo tanto tiene interludios. La meditación concluye con una plegaria mundial que es conocida como la Gran Invocación y que forma el final de este libro acerca de la vida meditativa.

Se necesitan pocas palabras para explicar la Gran Invocación. Algunas mujeres se preocupan porque esta invocación utiliza la palabra hombre y no mujer. Pero es porque es utilizada como una palabra general para que se sepa que es un Hombre el pensador. El término Cristo es también utilizada en un sentido mucho más amplio como un ser que se encuentra en todas los momentos y que es un mediador universal entre lo espiritual y la materia y no como propiedad de alguna religión en particular.

La Gran Invocación fue dada al público en general en diferentes etapas, la última y la actual dada al final de la Segunda Guerra Mundial en 1945. Las siguientes palabras de Alice Bailey, de *La educación de la Nueva Era,* volumen 2. Expresa la intención de esta plegaria mundial:

> En la superficie, la belleza y la fuerza de esta invocación recae en su simplicidad y en esta expresión de ciertas verdades naturales que todos los individuos aceptan de manera innata y normal, la verdad de la existencia de una inteligencia básica al que vagamente le damos el nombre de Dios; la verdad que detrás de todo lo externo que aparece, el poder motivador del universo es el amor; la verdad de que la gran individualidad vino a la Tierra llamada por los cristianos Cristo, y personificada con el amor para que lo pudiéramos entender; la verdad que tanto el amor como la inteligencia son efectos de lo que es denominado Dios, y finalmente la verdad evidente que sólo a través de la humanidad en sí puede funcionar el plan divino.

Meditación de la luna llena: "Entrando en la luz"

1. Fusión de Grupo

Afirmamos el hecho de la fusión de grupo e integración en el centro del corazón del nuevo grupo de servidores del mundo, mediando entre la jerarquía espiritual y la humanidad.

> Soy uno con mi grupo de hermanos y todo lo que tengo es ellos. Que el amor que es mi alma los cubra a ellos. Que la fuerza que está en mí los levante y los ayude. Que los pensamientos que mi mente crea los alcancen y les den ánimos.

2. Alineación

Proyectamos una línea de energía hacia la jerarquía espiritual del planeta, el corazón planetario y hacia Cristo en el corazón de la jerarquía.

Extiende la línea hacia shamballa, el centro de la cabeza planetaria en donde la voluntad de Dios es conocida.

De pie como grupo dentro de la periferia de la gran jerarquía de Ashram. En este punto estamos abiertos a las energías extraplanetarias ahora disponibles.

3. Interludio Superior

Enfócate en la luz de la jerarquía, el centro del corazón planetario, mantén una mente contemplativa abierta a la luz y el amor que se busca exteriorizar en la Tierra.

4. Meditación

Reflejada en la semilla apropiada a través de los meses. Para Acuario: soy agua de vida servida para los hombres sedientos.

5. Precipitación

Utilizando la imaginación creativa, visualiza las energías de la luz, el amor y la buena voluntad, cómo son derramadas en el planeta y se quedan ancladas en la tierra en planos físicos preparados a través de los cuales el plan se puede manifestar. Utiliza la progresión de seis partes del amor divino como la secuencia de la energía de precipitación shamballa (centro de la cabeza planetario), jerarquía (centro del corazón), el Cristo, el nuevo grupo de los servidores del mundo y los centros físicos de distribución.

6. Interludio inferior

Reenfoca la conciencia como un grupo dentro de la periferia del gran ashram. Juntos repitan esta afirmación:

En el centro del amor estoy de pie, de ese centro yo, el alma,
me muevo hacia fuera, de ese centro yo el que sirve trabajaré.
Que el amor de lo divino sea despojado fuera. En mi corazón,
a través de mi grupo y alrededor del grupo.

Entonces, de acuerdo con nuestro entendimiento y sus
responsabilidades aceptadas, visualiza el trabajo que se va a
realizar de inmediato para establecer el camino de luz para
el espíritu del Cristo.

7. Distribución

Mientras se dice la Gran Invocación, visualiza cómo se derra-
ma la luz, el amor y el poder de la jerarquía espiritual a través
de las cinco salidas planetarias de los centros de energía de
Londres, Darjeeling, Nueva York, Génova y Tokio, irradiando
la conciencia de toda la raza humana.

La Gran Invocación

Desde el punto de la Luz dentro de la mente de Dios,
deja que la corriente de luz llegue a las mentes de los hombres,
deja que la luz descienda hacia la Tierra.

Desde el punto del amor dentro del corazón de Dios,
deja que la corriente del amor llegue a los corazones de los
    hombres,
que Cristo regrese a la Tierra.

Desde el centro en donde la voluntad de Dios es conocida,
deja que el propósito guíe las pequeñas voluntades de los
    hombres,
el propósito que los maestros conocen y sirven.

Desde el centro que llamamos la raza del hombre,
deja que el plan del amor y de la luz trabaje,
y que selle la puerta en donde está lo maldito.

Deja que la luz, el amor y el poder restauren el plan sobre
    la Tierra.

GLOSARIO

Adi: El plano superior de nuestro universo, el plano de la vida divina, denominado nivel uno en el texto.

Alma: La esencia interna que media entre el espíritu y la materia, en donde está la conciencia; en donde quedan las cualidades positivas de cada vida; el cuerpo casual.

Antahkarana: Es lo que une nuestros principios espirituales supremos con los cuerpos de la personalidad o vehículos. Éste sólo puede activarse a través de un esfuerzo deliberado por parte de la personalidad para crear un puente hacia la conciencia.

Astral: Literalmente quiere decir estrellado y originalmente el término puede haberse referido a una cualidad luminosa. En el texto se refiere a la naturaleza y al cuerpo de energía que constituye nuestros deseos. Cuerpo astral: vehículo o cuerpo para la energía astral. El plano astral es el nivel seis en el universo y es el lugar en donde están todos los deseos y los sentimientos. Los niveles inferiores del plano astral comprenden el infierno y el purgatorio y los niveles superiores son el cielo y el lugar de nuestros sueños.

Atma: Voluntad espiritual. Nivel tres en el universo.

Átmico: Plano átmico, el plano de la voluntad espiritual; principio átmico: el vehículo sutil o cuerpo de nuestra volunta espiritual.

Aura: Esfera de campos interconectados alrededor del cuerpo que incluye los campos etéreo, astral y de los pensamientos. La esfera de la influencia.

Buddi: Amor espiritual. Plano búdico: plano del amor espiritual e inclusivo, de la razón pura o la intuición. Vehículo búdico: vehículo o cuerpo del amor inclusivo.

Canalización: En el sentido popular es un individuo que transmite la conciencia de otro ser o entidad. También para canalizar energía.

Centro ajna: Es el centro de energía o chakra entre los ojos, un poco más arriba, que tradicionalmente es llamado tercer ojo.

Chakra: Palabra de origen sánscrito para rueda. Los centros de energía en los cuerpos o vehículos sutiles o internos, que trabajan como transmisores o transformadores de energía en diferentes niveles del universo. En un sentido eléctrico es cuando el voltaje sube o baja. Los charcas también pueden ser denominados órganos psíquicos.

Concentración: Enfocarse con la mente, sin distracciones.

Contemplación: Pasar el nivel de la concentración y de la meditación hasta un nivel de tranquilidad mental sin pensamientos.

Cuerpo sutil: los cuerpos astrales, mentales y etéreos; compuestos de la sustancia del plano particular o nivel llamado transhimalaya, la región más allá de los himalaya hacia el Tíbet.

Deva(s): El reino paralelo al humano que está más evolucionado. Palabra sánscrita para los que brillan. Sinónimo de los ángeles en las escrituras.

Electrón: Una partícula subatómica, el número de electrones en el átomo define cuál es.

Elementales: (Ver elementos lunares).

Elementos lunares: Los seres o entidades no evolucionados que comprenden nuestros vehículos inferiores, nuestros cuerpos astral, metal y físico. Son seres no evolucionados en el sentido de la expresión de la sustancia como algo distinto de la conciencia evolucionada dentro de cada cuerpo. La sustancia de cada cuerpo se encuentra al otro lado de donde está el reino mineral y de ahí comienza a surgir la evolución de la misma hasta llegar al reino humano pasando por el animal y el vegetal.

Esotérico: Energías subjetivas, internas o escondidas con las que no estamos familiarizados.

Etéreo: La parte sutil del plano físico que media entre los planos físico y astral de la conciencia. Constituye los cuatro subplanos. El cuerpo etéreo es una replica exacta del cuerpo físico y forma el bosquejo de todas las estructuras físicas en el cuerpo durante el crecimiento, la sanación o el arreglo.

Forma: Denota la forma física, astral o mental de los niveles del universo. En cualquiera de estos niveles la forma puede ser animada o inanimada y el término es utilizado para distinguir las formas de las sustancias amorfas de un nivel en particular.

Glamour: Se relaciona con las distorsiones de esa parte del universo comúnmente llamado plano astral. Las distorsiones son causadas por nuestra condición emocional y por nuestros deseos que evitan que creamos el universo como verdaderamente es. La frase "todo se ve dependiendo con el cristal con que se mire" es un claro ejemplo de cómo distorsionamos la percepción del universo.

Ilusión: Se refiere a nuestra condición mental. Esto se relaciona con la tendencia de la mente inferior de poner límites alrededor de las ideas para que desarrollemos ideas fijas e ideologías y nos limitemos de ver la verdad. Nuestra capacidad para sufrir una ilusión es proporcional a qué tan cristalizada dejamos que se vuelva nuestra mente.

Karma: Es el concepto de retribución de una acción pasada. Todo lo que hagamos se nos revertirá, el concepto nos hace pensar que la vida está arreglada y sellada, pero esto es para dar un significado que vaya más allá del concepto principal de la palabra como trabajo o acción.

Kundalini: Es el término sánscrito para "serpiente de fuego" que fluye a través de los canales de la espina etérea desde la base de la espina dorsal cuando todos los chakras están despiertos y en equilibrio. Cuando el kundalini y las energías espirituales se topan se da una total iluminación.

Logos: (Ver logos planetario).

Logos planetario: El ser espiritual superior que se manifiesta a través de nuestro planeta.

Magia: Una creación a partir de la nada, pero en realidad la mezcla de lo espiritual con la materia para crear o recrear formas de la sustancia básica en el universo y es el potencial todo en vez de nada.

Manásico: Palabra sánscrita para mente. Vehículo manásico es la mente del cuerpo; el plano manásico es el plano mental.

Meditación: Convertirse en uno solo con el objeto de la meditación; en un sentido más amplio incluye las técnicas por las cuales liberamos la esencia curativa, o el alma a través de nuestra personalidad.

Mente abstracta: Es el nivel de nuestra mente que se refleja en sí misma y que se encarga de los conceptos y las ideas; el pensamiento conceptual, el pensamiento reflexivo; en el campo esotérico también es denominada la mente superior.

Mente concreta: La mente inferior que lidia con todo lo mundano.

Monad: Nuestro ser espiritual superior. Plano monádico: es el segundo plan, el plano del amor universal.

Morfogénesis: El proceso del crecimiento en las criaturas vivas.

Oculto: Quiere decir escondido. El ocultismo es el estudio de las cosas que se esconden.

Personalidad: Una persona integrada que expresa una unión entre sus sentimientos, su mente y su cuerpo. La personalidad también es una integración de la expresión física, astral y mental. El concepto de persona como una máscara tiene que ser entendido como una máscara para el alma o el ser interno.

Quantum: En términos de física, por lo general denomina a los paquetes de energía.

Reencarnar: El concepto de nacimientos sucesivos, en los cuales un alma evoluciona gradualmente hacia la perfección a partir de las experiencias obtenidas por el ciclo, la personalidad, en los tres planos inferiores del universo.

Reiki: Una forma de sanación, en donde el practicante canaliza energía hacia el paciente.

Renacer: Cubre varios enfoques terapéuticos para liberar al individuo del pasado. Algunas técnicas sirven para resolver un nacimiento difícil. Otras técnicas son dirigidas para usar el término en un sentido espiritual de regeneración, llamado segundo nacimiento.

Sentido común: La mente práctica o inferior que sintetiza todas las impresiones que vienen de los cinco sentidos. Éste permite un enfoque más sensible de la vida.

Señores solares: Las entidades evolucionadas que expresan la conciencia evolutiva y que es otro nombre pasa nuestra esencia interna consciente que reside en el alma y que es eventualmente capaz de controlar a los señores lunares que comprenden los vehículos de la personalidad.

Shamballa: Un estado de la conciencia que está relacionado con la voluntad o el primer aspecto de la deidad, ya que se expresa a través del centro planetario correspondiente al chakra corona de los humanos. También tiene una localización planetaria, pero sólo en la materia etérea.

Sustancia: El material áspero del universo antes de ser moldeado en formas. Los tres planos inferiores: físico, astral y mental que se entiende que todos son capaces de dar origen a formas materiales. Los cuatro planos superiores consisten de sustancia que es muy sutil y refinada.

Vehículo: Cuerpo; un vehículo astral o mental, es la forma o cuerpo que expresa el nivel de conciencia.

Vida de la personalidad: La vida experimentada a través de la personalidad.

Vivaxis: El eje de la vida creado por Frances Nixon, una mujer canadiense que desarrolló una ciencia respecto a las energías.

Yang: El aspecto masculino del universo según la filosofía china.

Yin: El aspecto femenino del universo según la filosofía china.

ÍNDICE

ACERCA DEL AUTOR

Judy Jacka es mejor conocida por su trabajo en el área de las terapias naturales. Ha trabajado por casi veinte años en esa área y se ha dedicado a enseñar, a dar conferencias, a ofrecer consultas y a escribir libros. También está involucrada de forma activa en las enseñanzas metafísicas, entre las que se encuentran ciertas técnicas de meditación utilizadas en los Himalaya y otras técnicas asociadas. En los últimos diecisiete años su trabajo se ha concretado por medio de la "Escuela Arcana", la cual fue fundada por Alice Bailey en 1920. Durante la última década, Judy ha extendido su área de trabajo hasta alcanzar al público en general, enseñando meditación a diferentes grupos e individuos.

Al igual que con su trabajo en el área de terapias naturales, Judy está particularmente interesada en retirar ese velo de misticismo y todas esas excentricidades que rodean a la meditación y la enseñanza de la misma. También está muy interesada en relacionar la rama transhimalaya de la enseñanza occidental a nuestra vida cotidiana, a la política, la religión, la educación, para que estas enseñanzas se conviertan en algo significativo para nuestro medio ambiente.

TÍTULOS DE ESTA COLECCIÓN

Impreso en los talleres de
Trabajos Manuales Escolares,
Oriente 142 No. 216
Col. Moctezuma 2a. Secc.
Tels. 5 784.18.11 y 5 784.11.44
México, D.F.